大学生学习成果评价
与高校创新型人才培养研究

毛志慧　孙晨光／著

吉林出版集团股份有限公司
全国百佳图书出版单位

图书在版编目（CIP）数据

大学生学习成果评价与高校创新型人才培养研究 /
毛志慧，孙晨光著. -- 长春：吉林出版集团股份有限公
司，2022.11

ISBN 978-7-5731-2785-3

Ⅰ.①大… Ⅱ.①毛… ②孙… Ⅲ.①高等教育—教
育评估—研究—中国②高等学校—创业—人才培养—研究
—中国 Ⅳ.①G649.2②G640

中国国家版本馆CIP数据核字(2023)第010445号

大学生学习成果评价与高校创新型人才培养研究

DAXUESHENG XUEXI CHENGGUO PINGJIA YU GAOXIAO CHUANGXINXING
RENCAI PEIYANG YANJIU

著　　者　毛志慧　孙晨光
出 版 人　吴　强
责任编辑　孙　璐　王　博
装帧设计　薪火文化传媒
开　　本　710 mm × 1000 mm　1 / 16
印　　张　13
字　　数　190 千字
版　　次　2022 年 11 月第 1 版
印　　次　2023 年 4 月第 1 次印刷

出　　版　吉林出版集团股份有限公司
发　　行　吉林音像出版社有限责任公司
　　　　　（吉林省长春市南关区福祉大路5788号）
电　　话　0431-81629667
印　　刷　三河市嵩川印刷有限公司

ISBN 978-7-5731-2785-3　　定　　价　58.00 元

如发现印装质量问题，影响阅读，请与出版社联系调换。

前　言

高等教育领域已经跨入"以质量取胜的时代"。尽管科研与社会服务也是体现高等教育质量的重要方面,但"人才培养"作为大学最根本的任务,其蕴含了教育质量的本真意义和基本指向。

从20世纪80年代以来,"学生学习成果评价"因其"直面学生的学习增值、强调教育成效证据"等特点备受关注,这日益成为高等教育质量评价研究的热点问题。经过几十年的发展,该研究在高等教育评价实践中取得了巨大的进展与创新,并形成了独具特色的高等教育质量评价视角和方法,其核心理念是通过对学生学习成果的测量来评价高等教育质量。这种评价改变了以往注重从教育过程、教育条件等视角评价高等教育质量的现状,着重从学习成果对高等教育质量进行评价。

大学生学习成果评估作为教学质量改进和提高的重要环节和途径,是教学过程的必要部分,是校、院、系及教师改进教学质量的依据,是办学资格和绩效评估的重要指标,是国内大学教育与国际接轨的桥梁。而创新型人才培养作为高等教育发展的前提也同样具有重要的意义,所谓创新型人才,指的是创造出创新性成果的个体或者具有创新潜力、将于未来创造出创新性成果的人才,这类个体大多呈现出知识结构丰富、问题意识与钻研精神强烈、心理素质成熟稳定等特征。创新型人才在经济社会发展中能够在继承前人知识和成果基础上进行创造性劳动,能够为我国的建设做出卓越贡献。要培养创新型人才,就必须深刻把握创新型人才的特征,进而做到遵循人才培养和成长的内在规律,并在高校人才培养过程中加以具体运用。

　　总之,大学生学习成果评价与创新型人才培养是一项长期而又难度较大的任务,不可能一蹴而就,这既需要高校通过改革、创新和持续的努力在实践中不断探索,又需要高校紧密结合其特征及规律,因此应不断加强对大学生学习成果评价与创新型人才培养的研究,以达到更高的发展。

目　录

第一章 绪 论

第一节 学习成果的教育实践

一、学习成果评价是常见的高等教育实践

学习成果似乎不是一个严谨的学术概念,而是大学生和老师常用的口语词汇。显然,学习成果的概念来自高等教育的实践,而不是来自对大学生学习的纯理论分析。对大学生的学习成果开展各种形式的评价,是一种司空见惯的高等教育实践。2019年,我国2688所普通高校中共有2547.7万名在校本专科学生。他们的主要任务是学习在一堂课、一门课的模块、一门课程、几门课程乃至三到五年的学习后,他们的学习成果都会被评价——以我们所熟悉的各种形式:考查、作业、考试、课程论文、学位论文、毕业设计、汇报演出等。这些评价都是由教师或者院系、学校主导的。在外语、计算机等专业领域中,学生还需要参加国家层面由专业测评机构主导的大规模考试,以获得各种学习成果的资格或水平证书。只要略微思考一下,就可以想象大学生学习成果评价活动之频繁、学生为之准备时间之长、教师投入精力之多以及教务部门监管压力之大。

人们对于司空见惯之事的态度常常是熟视无睹,以至于缺少动力去深究其背后的理论、原理与结构,只是按照惯例和有形的制度约束去实践,或者循着自己的经验摸索或不断试误去实践。大学生的学习成果评价就是这样一种实践。评价对于学生的学习来说起着关键作用,因为评价对于学习具有引导性。评价对于高校教师来说更多的是一种"私人空间"。除了在形式上需要满

足教务部门的要求外,评什么、如何评,这几乎全由教师根据课程实施情况自主决定。这在学理上具有一定的合理性。高校属于学术组织,教师对所教学生学习成果的自主评价权理应属于学术自由、教学自由的一个方面。有学者曾提及,"由于教师最清楚高深学问的内容,因此他们最有资格决定……谁已经掌握了知识(考试)并应该获得学位(毕业要求)"。然而,教师的自主评价权并不意味着目前的学习成果评价是无懈可击的,更不意味着评价方法无须改进。教师的自主评价权仅仅是学生学习质量保障的必要条件之一,远远不是充分条件。此外,教师的自主评价权的有效实现取决于环境、制度等多方面的条件。目前,我们很难说这些条件是成熟的。总之,缺乏科学理论指导的评价实践必然会产生问题。

二、学习成果评价是成果导向教育的要素

成果导向教育是由国外学者于20世纪80年代提出的一种教育模式。这一模式最初主要被应用于该国的基础教育,后来才逐渐扩展到高等教育领域。这种模式并非是一个全新的观点——实际上模式的提出者在1994年的著作中就提到"成果导向教育的例子在全社会都能找到"。根据该观点,成果导向教育指的是"围绕对所有学生来说都至关重要的,即在他们学习经历结束时所能够获得的学习成果(能力),来清晰地聚焦和组织教育系统中的所有要素"。成果导向系统的关键点是:①开发出清晰的学习成果集,让系统的所有要素都聚焦于学习成果;②在系统中创设条件和机会,让所有学生都能够并且鼓励他们达成这些重要的学习成果。在高等教育领域中,有学者将成果导向教育解释为"一种课程、教学和评价都聚焦于学生学习成果的教育模式"。

进入21世纪以来,成果导向教育的模式与"以学生为中心""学习范式"等理念逐渐为高等教育界所熟悉和接受。加之高等教育认证机构的推动,成果导向教育在很多专业正逐渐成为共识。一些认证机构对某些专业的学习成果做了框架性的列举和说明。成果导向教育系统的一个要素就是对学习成果的评价,如果缺少评价便无法知道学生的学习成果是否达成了,更无从谈及如何改进教育。

三、学习成果评价是应对学习不足的反应

所谓学习不足是指接受高等教育的学生学习动机不明、投入不足、成果达不到预期的一种状态。学习不足有多种原因,一般可以分为学生和学校两个方面。从学生角度看,在高等教育还是精英教育时期,学习机会极度稀缺时似乎并没有多少学习不足的问题。然而,高等教育进入大众化乃至普及化之后,生源多样化、需求多样化导致学生在高校的中心任务——学习被冲淡了。学习不足在各国均有反映。

从学校角度看,学习不足与高等教育大众化后教育质量的滑坡有天然的联系。国外很多大学的本科教学不是由终身职位教授,而是由兼职教师和研究生助教来承担,加之政府对高校的财政支持力度不足,因此高等教育的质量不断受到公众质疑。这已经被称为某国高等教育的"新常态"。相关部门在2018年召开的新时代全国高等学校本科教育工作会议上指出,"对大学生要合理'增负',提升大学生的学业挑战度,激发学生的学习动力和专业志趣,改变轻轻松松就能毕业的情况"。可见学习不足已经成为我国大学生存在的重要问题,受到广泛的关注。因此,学习成果评价成为高校应对学习不足、改进教育质量的必然反应。目前,国外一些高校已经开始了较大规模、形式各样的学习成果评价活动。我国高等教育在成果评价的教育体系中,一定会把握好这一成果导向教育的要素。

四、学习成果评价是教育质量保障的需要

当前国际上比较有影响力的各种高校排名很少能触及高校的核心职能——教学,它们关注的主要是研究产出。学生的学习成果能够直接反映教学的成果以及人才培养的质量,因此学习成果评价在教育质量保障上具有不可或缺的作用。

学习成果评价在课程层次上(一般也是在教师层次上)主要是总结性评价,即学生学完某一门课程后任课教师对其课程学习成果的分数或者等级进行评定,对所有课程学习成果的评价决定着某个学生的平均成绩点数。从教学管理的角度看,课程学习成果评价能够在一定程度上起到内部质量保障的作用。比如,对不及格门数达到一定数量的学生提出预警,这是较为常见的评

价结果用途。教师当然也可以对学生课程学习的成绩做出分析并反馈给学生,让他们改进自身的学习,但这种做法并不普遍。课程评价的结果经常是一次性的考试,学生能够了解的仅仅是自身的分数,教师很少通过课程考试情况来向学生反馈其学习成果。针对有关全国本科教育满意度的调查显示,"学习反馈"属于本科学生最不满意的十项教育要素之一。由此可见,课程评价的总结性凸显,形成性严重不足。

作为一种院校或专业层面的实践,学习成果评价更多的是院校在外部质量保障政策的压力下被动开展的。从某国经验看,1988年,该国教育部部长签署文件,要求所有联邦批准的认证组织都要把高校学习成果的证据纳入认证标准中。质量认证机构自20世纪90年代中期以来,逐渐要求院校从提供质量投入与过程信息向提供直接的学习成果信息转变。现在,认证组织已经成为全面性学生能力评价的重要推动者。接受认证的专业一般集中在应用性较强的专业上,如教师教育专业、计算机科学专业、工程学专业、社会工作专业等。如有学者所言,认证机构关心"学生们经由大学整体学习经历(而不仅仅在单个课程中)究竟学到了什么"。院校或专业的质量认证机构不断要求院校提供有关学生学习成果的信息,这迫使许多院校开展学习成果评价。学习成果评价的使用主要是为了院校或专业认证的需要。这已经形成了一种所谓的"服从"或"问责"导向的评价文化。这种评价面向且服务于高校外部的力量,而最有资格评价学生学习成果、最有责任设置评价标准的教师对这种评价参与不多、对评价结果的使用不多。因此,这种评价难以起到改进教育教学的作用。

总的来说,无论中外,学习成果评价在课程层次上都是教师主导的,其总结性功能明显,但也在一定程度上具有内部质量保障的功能。在院校或专业层次上,学习成果评价目前其形成性也未能彰显。我国虽然在这一层次上的学习成果评价尚未完善,但可以预计,在未来一定会由评估和认证机构加速催生从而推动。比如,我国的工程教育加入华盛顿协议后将有越来越多的专业走向国际认证的道路,而学习成果评价是专业认证的重要环节。2018年,我国已经发布92个本科专业类教学质量国家标准,对于专业学习成果的评价将成为检验上述标准是否达成的重要依据。

五、学习成果评价是发展教学学术的途径

教学学术的概念是以发现的学术、综合的学术、应用的学术相区分。好的教学需要艰巨的工作和严肃的钻研加以支持。最好的教学不仅传授知识,同时也改造和扩展知识。教学学术是高校教师专业发展中的必要构成,在当前特别强调一流本科建设的大环境下更为重要,对于以教学为主型大学的教师来说尤其重要。与中小学教师不同,大学教师一般没有系统的教育职前训练的经历。大学教师提升自身的教学水平、发展教学学术在过去和当前主要依靠自己的摸索和有限的组织支持。由于目标、教学和评价应该具有一致性,所以教师在这三个方面着力均可以提升教学水平。其中,学生学习成果的评价,在教学中对学生的学习起到指引作用。教学学术是每位高校教师都应该发展的学术。通过科学预设学习成果、用学习成果来引导教学、评价学习成果、有效地反馈以及对学习成果评价开展研究,可以显著提升教师的教学水平。如果将这种学习和实践提炼出来、传播出去,教学的学术便可发展起来。

第二节 学习成果的评价研究

一、评价是高等教育学科的重要构成

学习成果评价是高等教育评价学的主要研究领域和重要研究分支,而高等教育评价学是高等教育学科的重要组成部分。在基础教育阶段,评价学已经成为教育学大学科的有机组成部分,评价对于教学的指引作用十分突出。在高等教育领域,受制于庞杂的学科专业之间的人为隔离,教育评价研究往往与具体的学科专业课程紧密结合,似乎难以再提升一个层次,但这并不能成为一般性、普适性的教育评价学不存在于高等教育学科体系中的理由。研究认为,教育评价有着独特的研究对象,应该是高等教育学科体系的重要构成。发展一般性的教育评价原理、寻找普适性的教育评价方法是非常有必要的。当前我国高等教育评价学的大多数知识都存在于教学卓越的教师/教研组的个体及团体经验中,是一种实践智慧,还没有经过研究提炼使之系统化。这种经

验性的知识对于教学实践的引领作用是有限的、难以扩散的。因此,有必要系统全面地对学习成果评价开展研究,使其既能指导评价实践,也能促进教育质量的提高。

二、缺乏对学习成果评价的研究

经研究,有学者曾梳理了《社会科学引文索引》中发表的论文及关键词,经分析发现,"学习、学生学习、学习成果"是出现次数仅次于"评价、评估"的关键词类别。由于该刊是唯一聚焦高等教育中教学评价议题的国际性期刊,这些高频关键词充分反映了学习成果评价在高等教育评价学国际前沿研究中的重要性。

然而,我国有关学习成果评价的研究尚处于发展阶段,相关的研究开展仅约十几年,研究者的主要工作围绕在对其他国家学习成果评价的实践和研究的引介上。这些引介主要关注应对问责的学习成果评价活动,让国内学界了解到国外有关学习成果评价的历史和现状。

除了对国外的实践和研究开展引介以外,一些研究者也开始对我国大学生的学习成果展开探索性的大规模评价。通过学生自我报告的形式对我国"985工程"高校的本科生学习成果开展了评价,利用国外教育考试服务中心的水平轮廓测试汉化版增强型并行端口对大学生的批判性思维能力开展了评价。利用相关测评工具评价了本科生的批判性思维能力。但总的来说,这种探索性评价为数不多,相关研究尚处于萌芽状态,并且这些能力测评的关注焦点并非是大学生的学习成果,而是各种单项能力甚至是能力倾向。研究重点在于比较,与大学教师的教学关联不多。

由于相关研究的缺乏,目前我们对于学习成果评价的认识并不全面,相关的实践也缺乏专业的理论和方法指导。大学教师很少接受教育评价学的训练,对于如何科学有效地开展学习成果评价了解不多。无独有偶,国外的学者也发现"很少有教师在给学生的表现和成就打分方面受过专业训练"。"在高等教育领域,我们仍然似乎不擅长评价。"可以说,对评价方法研究的不足导致了评价实践的相对滞后。与评价相关的教育工作者在实践中存在诸多问题难以解决的状况。比如,究竟什么是大学生的学习成果? 什么才是学习成果评价? 它应该包括哪些要素? 当前我国大学生学习成果评价的现状如何? 各层次的学习成果具备哪些特征？学习成果评价如何充分发挥形成性评价的功能？这些问题目前并没有非常清晰的答案。

第三节 学习成果评价的功能演进

一、应对外部责任的学习成果评价

从国外的经验看，应对外部责任是学习成果评价的第一合法性来源。2005年以来某国高校学习成果评价的历史（这里仅指高校为了应对责任而开展的大规模测评的历史）。简言之，在该国教育部长任命的专家委员会发布的报告影响下，两大高校联盟成立了自愿问责系统，鼓励参与的高校展示学生在批判性思维和写作能力方面的学习成果。这最终吸引了标准化考试服务商开发出相应的测评工具并实际开展评价。该国高教界亟须解决的一个问题就是缺乏明确的衡量高校效能的机制，各高校在教育学生的成果上缺乏透明度，而解决这个问题需要直观的、校际能比较的数据[①]。可见，院校层次（也即通识学习层次）的学习成果评价的广泛实施，直接动因是高校外部的质量问责。我国当前的情况也是如此，除了少数纯粹研究性质的通识能力评价，几乎其他所有除课堂和课程层次以外的评价活动都是为了应对外部责任。

（一）应对责任的学习成果评价的特征

1.专业层次侧重对课程学习成果的整合。这一特征的学习成果评价主要体现在专业认证中。参与认证的专业为了向外部评估专家证明专业人才的培养质量，需要对课程学习成果进行整合计算，综合成一个毕业达成度的指标。以我国的工程教育认证为例，参与认证专业需要遵循基于学习产出的教育模式理念，首先确定专业人才培养目标，然后根据人才培养目标确定毕业要求。毕业要求实质上是专业层次的期待学习成果，它规定了学生在毕业时需要达到的专业知识、能力和素养上的要求。毕业要求由认证机构提出的通用要求（即通用标准）和专业提出的附加要求共同构成，并且需要细化、明确、公开、具

---

①刘欧.高校学生学习成果测评的历史、现状以及前瞻[J].中国考试,2016(11):13-17.

体,最终形成可测量的若干指标点。然后,专业课程设置需要体现毕业要求。常见的形式是毕业要求各指标点和各课程之间的矩阵图。其中一门课程可能对应多个毕业要求指标点,一个指标点也可能对应多门课程。每一门课程的学习成果评价仍然需要教师组织实施。下一步的工作是课程达成度评价,即抽取有代表性的学生样本和他们的课程考卷,找到对应特定毕业要求指标点的题项,计算应得总分和实得总分,然后根据该课程对该指标点达成的权重。

计算该课程对该指标点的达成度。最后,计算每门课程对该指标点的达成度,加总分求出该项毕业要求指标点的达成度,并与预设的基准做比较(如0.7),得出该指标点的毕业要求究竟是"达成"还是"未达成"。

这种整合计算在一定程度上体现了基于学习产出的教育模式的理念,也有一定的科学合理性,但整合计算过程带有较强的主观性。比如,权重的设置、预设的达成度基准都有一定的主观性,并且整合计算得出的结果难以用于改进,因为最终的结果仅仅是"达成"和"未达成"两项。

2.院校层次聚焦通识教育的大规模评价。这一特征的学习成果评价主要体现在院校层次上。由于院校作为整体无法向外界展现每个专业的学习成果,因此只能关注通识教育的学习成果。但通识能力的评价需要建构理论的支持,即测验所测量的心理建构的界定和描述、构成与结构、发展水平和形成机制的解释性框架①。这方面的研究目前非常不深入。它需要学科专家、心理测量学专家和教育心理学专家的合作努力才能有所成效。比如,批判性思维能力的测评需要多方的努力才能开发出有效的工具。

此外,院校层次的学习成果评价需要大量的、有代表性的学生样本,最后演变为大规模评价。大规模评价中对于测试质量的保证和测试结果的解释需要由专业人员实施,只有最符合测试要求的试题才能被投入实际使用。开发出一个评价项目需要花费大量的时间,因此只有专业测评机构才能保障通识能力评价的质量,但专业测评机构提供的测评工具又相当昂贵,影响使用。国外高校为了应对问责而开展的大规模评价都依赖专业测评机构开发的测量工具,高校自己开发的学习成果直接评价工具往往满足不了测量的质量要求。这是为什么诸如大学生学习性投入调查工具远比学习成果评价工具运用更频

①杨向东. 理论驱动的心理与教育测量学[M]. 上海:华东师范大学出版社,2014:2.

繁的根本原因。

(二)应对责任的学习成果评价的不足

第一,教师主动参与不强,存在被参与现象。应对责任的学习成果评价很少能调动教师的积极性。院校层次的通识学习成果评价由外部机构主导,对于教师的透明度不高,和教师教学的关系不大,因此教师参与的兴趣和动机不足。除了少数通识课程的授课教师外,其他教师很难将"全球适应能力""量化素养"等通识能力体现于他们的课程教学中。国外几乎所有有关学习成果评价的专著中都会强调教师参与的重要性。专业层次的学习成果评价是一种应对认证和评估的措施和要素。如前所述,教师在专业认证的毕业要求达成度评价过程中完全是被动的执行者。他们需要花费大量的时间、精力去思考所授课程如何和毕业要求指标点对接、确定权重、确定课程考卷中哪些题项匹配了指标点、计算最终的指标点达成度,不否认部分单位和部分教师在这个过程中产生了反思并改进了教学。但对于多数教师来说,这项工作的负担重,对于教学工作的直接改进作用似乎不大。教师还面临很多细节问题难以解决的局面,如在工程教育认证中有教师发现并非所有课程都适合课程达成度计算、太细化的指标点支撑分数划分不利于学生综合能力的培养、取达成度最小值作为最终值不合理、必须体现持续改进不合理等细节问题。

第二,评价始于问责,但缺陷在于无法问责。专业和院校层次的学习成果评价均以应对外部责任为要务,但有效的质量问责体系仅依靠学习成果评价的结论是远远不够的。举例来说,A校学生在创造性学习的平均成绩高于B校,是否意味着A校的教育质量高于B校?这种推断带有很多风险。首先,类似于创造性学习这样的大规模评价是学生自愿参加的,学校无法通过一定的抽样手段保证样本的数量和代表性。在这样的测评中,学生的动机会影响其参与率,往往是动机强的学生参与度更高,而引发动机的因素可能是参加测试获得的礼品、补助金,或者是学生本身的水平。因此,A校成绩高于B校,可能是样本选择造成的。其次,两校之间的创造性学习成绩差异,可能是由于学生在参与测试中的动机造成的。如果A校学生的学术成绩本身就高于B校学生,在测试中能力越强的学生越希望获得更好的个人成绩,因此在遇到难题时会更加努力;测试本身不具有高利害性——学生在测试中的表现不对学生产生任何实质影响。因此,能力较差的学生在面对难题时不会全力以赴,放弃的可能性很大。此时,两校成绩的差异可能是测试时学生努力程度的差异造成的。再次,不同学校之间的生源差异大,将两校之间的成绩差异归咎于教育质量差异是不公平的。使用增值评价法,即考虑生源差异的评价方法可以一定程度上缓解此问题,但并不能解决问题。研究并使用增值评价分析基础教育中的学校效能问题,发现得出的学校增值跨年稳定性不高,不同学科之间的增值一致性也不高。换言之,经过各种统计方法估算的增值本身就不是教育质量的有效度量。此外,增值计算对数据的要求高,不同的方法得出的增值差异大。有的增值计算方法透明度低,外界难以理解增值究竟是什么;有的增值计算从统计学上看本身就存在诸多问题,增值的计算成为数字和统计游戏。最后,无论是测试成绩抑或是增值都受很多因素影响,学校教育对其贡献并没有人们想象中那样大。想当然地将测试表现或者增值表现等同于学校教育质量是非常不科学的。总的来说,将学习成果作为问责的依据,既存在技术性问题,更存在方法论问题。事实上,类似于创造性学习的大规模评价结果很少作为高校被问责的直接证据。

第三,问责评价容易导致评价文化异化。评价文化是指在评价过程中各参与方形成的对评价较为统一的态度和价值观。有学者指出,当前的学习成果评价存在一种"服从"文化,这种文化应该向"拥有"文化转变。所谓"服从"文化,是指评价参与方受外部力量控制和满足外界需要而开展评价,这种文化让学校和教师难以充分发挥自主性和责任心。服从文化导致评价的许多功能难以实现,如校准和确定学习目标、修订课程、改善学生的保留率和毕业率等。最应关注评价结果的教师和学生反倒成了"局外人",对学习成果评价经常持事不关己的态度,这在专业认证中表现得十分突出。通过对美国威斯康星大学麦迪逊分校的个案研究显示,有学院的副院长认为,开展学生学习结果评估是根据教务长办公室的要求,如果没有这个要求,她是不会做的;而院系负责专业认证的教师认为专业认证很重要,但有时会打扰到教师。在大规模的通识能力评价中,评价结果数据由专业测评机构掌握,并没有分享给予被评价能力相关的课程教师。因此,教师也难以从中获得改进建议。所谓"拥有"文化,是指评价参与方都认为评价是"他们的",是为了共同目标、解决现实问题的,而不是做给他人看的。如果院校没有建立好的评价文化,问责导向的评价便始终存在形成性不足的问题。

二、改进教育质量的学习成果评价

(一)学习成果评价发挥改进功能的条件

1.授课教师参与支持。教师是决定教育质量最重要的因素。学习成果评价要能实现改进功能,授课教师的参与是一个必要条件。第一,教师需要知晓学校和专业层次上的期待学习成果,并能使之与自身所授的课程联系起来;第二,教师能够践行成果导向教育的理念,主动调整自身的课程教学,使之符合或至少不偏离人才培养的大方向;第三,教师能够具备评价意识,专业和院校层次的学习成果虽然抽象,但需要培养,也需要评价;第四,创造条件使得专业和院校层次上的学习成果评价结果对教师透明,让教师有了解评价结果及其意义的机会;第五,教师必须具备一定的评价能力,比如评分准则的制定、对大规模评价中评价结果的理解等。授课教师在学习成果评价中广泛和深入地参与是改进导向评价的最重要特征。

2.评价标准定义清晰。定义清晰的标准是学习成果评价发挥改进功能的第二个条件。标准提供了一种学生表现的等级描述,因此学生可以对照标准了解自身在评价中的优势和短板,并能据此改进。形成性评价的关键构成是帮助学生明确需要达到的学习目标与他们当前的知识、理解与技能实际水平之间的差距,并引导他们采取行动缩小差距,而标准起到了将目标具体化的作用。经研究文献发现,基于标准的评价开始受到重视。研究者特别重视对评分规则、范例的应用研究。比如,有研究发现,教师仅仅创立了评分规则发给学生是不够的,如果在课堂讨论中使用范例来讨论则能降低学生对评分规则的理解难度。学生们还认为范例比评分表更有用,通过范例、教师对范例的解读以及自身利用评分规则对范例进行评价能帮助学生理解是什么构成了高质量的作业。当前,专业认证中的学习成果评价是一种课程评价结果的汇总计算,谈不上有定义清楚的评价标准。通识学习成果的大规模评价中有明确的评价标准,但对高校和教师是不透明的,这些因素可以解释当前专业和院校层次的学习成果评价改进功能缺失的现象。

3.反馈全面、及时、有效。反馈指的是学习者收到的有关他们表现(言语、书面、行为等)的准确度或者合适度的信息,也指这种信息发送和接收的过程。学习成果评价能够起改进作用的前提条件之一是评价结果的反馈全面、及时、有效。所谓全面,是指评价结果的各个方面都能让学生和教师知晓;所谓及时,是指评价结果能够在较短时间内反馈;所谓有效,是指评价结果能够以师生可理解的方式反馈。目前,专业和院校层次上的学习成果评价最大的问题在于反馈:有的评价结果完全无反馈;有的只反馈给了学生,没有反馈给相关的老师;有的反馈不及时,师生得到评价结果时已经无法改进;有的只反馈了结果,但对结果没有解释,师生也无法据此改进。以创造性学习等大规模测评为例,评价设计者试图报告学校的"增值",但增值计算是烦琐复杂的,不是专门的研究人员理解起来非常困难。因此,反馈的信息并不容易被直接使用。在研究某一项文献中发现,反馈向来被视为形成性评价的必要环节,但现有的文献证明反馈的总体质量不高、对反馈的评价较低;反馈的效果受多重因素影响、具有群体差异性;新技术辅助和"前馈"策略能有效改进反馈。总的来说,反馈在前沿研究中受到重视,在学习成果评价的改进功能中起到关键作用。

4.改进机制健全完备。帮助改进是形成性评价的同义词。没有一个健全完备的改进机制,学生的学习成果也难以得到改进。首先,要使学生成为他们自己学习成果的负责者,即加强学生在学习成果评价中的主体参与意识。学生如果不对自己的学习负责,给他们再多的反馈也不会产生改进动机。其次,要强化学习成果评价对学生的利害关系。专业与通识学习成果之所以不能引起教师和学生的重视,一个重要原因是其利害关系不强。如果这两个层次的学习成果评价都具备了一定利害性。比如,某国大学中顶点课程的评价本身就是专业学习的一个部分,那么自然会引起学生的重视。再次,创造条件让改进成为一种有组织的制度化行为。对于专业和通识学习成果的评价,校内的评价负责人要有评价结果数据的获取权和使用权,而不是单纯的接受者;他们要能控制评价活动,不能把评价完全外包给专业测评机构,在此基础上才能强化评价结果的使用。

(二)促进学习成果评价改进功能的对策

对于专业及以上层次的学习成果评价,如果要实现评价功能从问责到改进的转变,以下几点对策可以供院校参考。

1.成立院校层次的评价组织协调机构。当前,我国高校行政系统内与学习成果评价相关的职能部门一般设在本科生院或教务处,但这些部门只负责课程考试的具体事务,并未承担起院校整体学习成果评价活动的组织协调作用。建立全校层次的评价协调机构,由主管教学的副校长直接领导,可以把学习成果评价工作的重要性提升到为教学质量内外部评价提供业务指导和数据支持的地位。这个协调机构一方面可以引入专业测评机构在校内开展各种通用技能的评价,另一方面也可以协调各院系开展各专业的整合性学习成果评价。可以说,当前我国高校有关资源投入的数据易得,但有关学习成果直接评价的系统数据非常缺乏。这让所谓"成果导向、持续改进"成为没有直接证据的口号。院校层次的学习成果评价协调机构如果运转良好,工作具有实效,完全可以成为教育教学改革的重要力量以及院校评价文化的构建力量。国外很多大学都设有类似的机构,可以为我国大学提供参考借鉴。

2.加强对于教师的教育评价方法训练。如前所述,授课教师的参与支持是改进的必要条件。坚持成果导向教育理念的教师如果掌握了评价方法就会自觉地开展评价活动,而且,对于专业和通识学习成果评价也不会置之不理。教育评价方法训练不仅可以增强教师的评价能力,也会改进他们的评价意识。当前,我国大学教师受到的评价方法训练是不足的。教育评价领域积累的知识对于大学教师是非常有用的。比如,在文献研究中发现有研究者曾提出一种反馈的层次模式,将反馈分为对作业/任务的反馈(如对错优劣),对任务处理的反馈(如方法策略),对学生自我调节的反馈(如有关自信、自我评价)以及对学生作为个人的反馈(诸如"好""聪明")四个层次。这种层次分析模式非常适用于培训教师。反馈的策略至少包含反馈时机、数量、方式、对象等因素。反馈的内容至少包含参照系(常模参照、标准参照或自我参照)、功能(描述或判断)、性质(正面或反面)、清晰度、具体性、措辞等维度。这些评价学知识非常实用,可以有效指导学习成果评价实践。

3.广泛开展院校专业层次的成果评价。课堂与课程学习成果评价基本由教师个体掌控,其改进功能的发挥程度也基本上由教师决定,在院校和专业层次自主开展学习成果评价是促进院校内部评价改进功能的重要方法。通过院校内部覆盖面较大的通识学习成果评价,以此触动教师,让他们更加关注学生的全面发展。通过各专业的整合性的学习成果评价,教师能更全面地理解专业人才培养目标的实现,而不仅仅聚焦于各自课程中零散知识的传授。院校内部开展这两类评价并将评价结果数据分享给教师和学生,这有助于基于证据的教育教学文化的构建、引导教师和学生关注学习成果、重视学生个性化的学习需求和学习,真正实现以"学生为中心"的教育理念。

第四节　培养创新型人才的意义

一、培养创新型人才是建设创新型国家的需要

(一)创新型人才的贡献

科学技术是人类伟大的创造性活动。一切科技创新活动都是人做出来的。我国要建设世界科技强国,关键是要建设一支规模宏大、结构合理、素质优良的创新人才队伍,以激发各类人才的创新活力和潜力。要极大调动和充分尊重广大科技人员的创造精神,激励他们争当创新的推动者和实践者,使谋划创新、推动创新、落实创新成为自觉行动。

三大运动定律及万有引力定律,奠定了经典力学研究的基础;电灯把人类带进了一个崭新的电光世界;量子论铸就了20世纪物理学研究的一座丰碑;相对论,以一种新的时空观开辟了人们认识世界的新天地;真空三极管用一个"放大"了的电子世界使大家有了"天涯若比邻"的真实感受;透射电子显微镜使人类观察微观世界的能力空前提高;中子发现改变了人们的物质结构概念;微软使计算机走进了城市乡村的千家万户……

20世纪是人类历史上科学技术发展的辉煌时代。进入21世纪,随着科学技术发展的整体性、综合性和交叉性的不断增强,科技知识的生产、传播和转化应用将会空前加快,科学技术对社会经济发展必将产生更大的影响。可以预见,未来在生物技术、新材料技术、空间技术、人工智能技术等领域很有可能像IT产业的崛起一样,再形成一个或多个产业群。人们会更加明白一个道

理：一项重大的科技进步和科学创造会带动一个产业甚至一个产业群的兴起，从而促进国民经济的大幅跃升。

（二）我国人才发展的状况

建设创新型国家的决定性因素是人才。人才资源是创新型国家建设的第一资源。那么，我们的人才积累与储备情况怎样呢？

联合国计划开发署用人类发展指数中的"教育指数"作为国家人才发展的数量指标，来衡量一个国家在基础性人才培养方面取得的成就。人类发展指数是一个涵盖健康、教育和收入三个方面，测量人类发展的综合方法，报告对各国的三个指标进行标准化与合并，进而统计出人类发展指数值。其计算方法是，首先计算出各国的成人识字指数和小学、中学、大学的综合毛入学指数，据此计算出相应的人才数量指数。其中成人识字权重为2/3，综合毛入学率权重为1/3。计算公式为：

$$人才教育指数 = 2/3（成人识字指数）+ 1/3（总入学指数）$$

联合国2020年发布的年度人类发展指数报告显示，全球平均人类发展指数为0.8以上，中国人类发展指数为0.761，在平均数之上，排名第85。

联合国开发计划署2010年从健康、教育和收入三个方面评价了各国的人类发展状况，制成人类发展指数。按照报告的计算，我国的人类发展指数在全球169个受调查国家和地区中排第89位，这一排名比5年前提升了8位（人类发展指数国家排名变化以5年为间隔），但主要是生产总值增长的贡献。中国在人类发展指数方面所取得的进步如果按照生产总值增长来衡量的话，则是全球进步最快的国家，也是唯一一个以收入增长而非健康或教育成就进入"进步最快的前10位国家"之列的国家。从过去几十年来人类发展经验中获得的一个重要发现是，对于使公民的生活质量得到持续改善而言，经济增长不会自动地带来健康和教育的改善。

（三）我国创新型人才发展的现状

建设创新型国家的关键是提高自主创新能力，而提高自主创新能力的关键是创新型人才的培养。

我国的创新型人才总量短缺，顶级人才、高端人才、大师级人才，特别是那些能在某一领域独树一帜、领先世界,能带领团队奋勇争先、勇攀科学高峰,在某些方面取得突破性进展,具有号召力、向心力、凝聚力的领军人才严重不足,从而制约着自主创新的发展,影响着我们创新型国家的建设。

国内统计数字显示,我国科技人才总体规模位居世界第一,但拔尖人才和高层次人才相对短缺,能跻身国际前沿、参与国际竞争的战略科学家也是相对较少。

(四)创新型国家建设的任务

当前,我国的科学技术总体水平与主要发达国家和新兴工业化国家相比还是相对低一些,关键技术自给率不高、发明专利数量少、科学研究质量有待进一步提高、尖子人才比较匮乏、科技投入相对不足等仍是待解之题。而这一切说到底还是人才问题。加强自主创新、建设创新型国家的关键是人才,重点是创新型人才。没有创新型人才,加强自主创新、建设创新型国家就会变成一句空话。因此,要大力培育创新型人才、创新用才机制、营造容才环境,为我们加强自主创新、建设创新型国家提供坚强的人才保证和智力保障。

当然,我国建设创新型国家也具备很多有利条件,首先经过几代人努力,我国已经建成了世界上为数不多的国家才具备的、完整的科学技术体系,这是我们国家自主创新、建设创新型国家的基础;其次,我们有充足的科技人力资源,我国的科技人力资源和研发人员数量,在世界上分列第一和第二,是我国进入创新型国家前列的、任何国家无法比拟的最可宝贵的资源;再次,我们已经具备了比较强的科技实力,在生物、纳米、航天等一些重要领域的研究开发能力已跻身世界先进水平;最后,中华民族有着悠久的历史文化传统,中华民族的教育历史、辩证思维、集体主义精神和丰厚文化积累都为我国未来的创新创造了多样化的路径选择。

综上所述,抓好人才培养、加大培养力度是当前迫切需要重视和解决的问题。首先,要从基础教育抓起,为培养创新型人才打下坚实的基础;其次,要把创新型人才的培养作为人才培养的重点,努力培养一批德才兼备、国际一流的科学技术尖子人才、国际级科学大师和科技领军人物,特别是要抓紧培养一批中青年高级专家;再次,要采取强化培养与鼓励探索相结合、国内锻炼与国际交流相结合、梯队建设与团队建设相结合等方式,加快培养高层次创新型人才;最后,还要充分发挥组织、人事、科技等部门和企业、科研院所、学校等方面的职能作用,加强创新型人才基地建设,加大创新型人才培养投入的力度。

二、培养创新人才是构建和谐社会的需要

如果一个社会缺乏前进的动力,社会每个成员的创造活力处于长期停滞的境地,就不可能有真正意义上的和谐社会,经济发展和社会进步也是不可能的。构建和谐社会就必须保证全体人民各尽其能,充分发挥自身的能动性和创造性,增强全社会的创造活力,让一切创造财富的源泉充分涌流,不断满足人民群众日益增长的物质和文化需要。而如何增强全社会的创造活力呢? 充满活力就是能够使一切有利于社会进步的创造愿望得到尊重,创造活动得到支持,创造才能得到发挥,创造成果得到肯定。

(一)让一切有利于社会进步的创造愿望得到尊重

创造愿望是一种可贵的愿望,包含着永恒的创造冲动。"使一切有利于社会进步的愿望得到尊重",是对人们创造力的解放。现代人乐于接受新的思想理念和新的行为方式,有改革和变化的要求。总之,一句话,具有创造精神和创造愿望。我们要坚持人民群众是创造历史真正动力,充分认识人民群众是创造的主体,切实尊重广大人民群众的创造愿望和创造实践,善于自觉地从人民群众的创造实践中获取智慧和力量,在创造中为社会做贡献,同时体现自身的价值。

所以,不论是体力劳动还是脑力劳动,一切有创造愿望的劳动都是光荣的,都应该得到承认和尊重。我们不但要切实尊重人们的创造愿望,还要努力营造"百花齐放、百家争鸣"的环境氛围,形成一种更加平等、更加宽松、更加活跃的气氛,鼓励人们研究新问题,提出新见解,探索新思路,允许提出不同的意见,在一定的范围内讨论。一个社会充满活力的标志就是能充分调动全社会的创造性,使每个人都富于创造精神并积极参与各种创造性的工作和活动,成为增强全社会创造活力的主体。

(二)让一切有利于社会进步的创造活动得到支持

创造活动是最有可能对价值生产和社会进步作出贡献的劳动。其表现为

创造者在创造动机和创造意识的支配下运用一切已知的信息,通过创造思维和创造方法产生出新的具有社会价值产品的能力,其中包括新观点、新理论、新思路、新技术、新方法、新产品和新工艺等。现代经济和社会的竞争主要表现为科技的竞争,说到底又是人才以及人的创造力的竞争。对一切有利于社会进步的创造活动给予充分支持是和谐社会充满活力的保证。

由于创造活动是特殊的劳动,有特殊的贡献就应该有特殊的支持。从政策层面上讲,要有特殊的政策扶持和激励措施,比如根据创造活动风险较大、不确定因素较多的特点以政府为主、社会参与来建立创造基金、风险投资基金,鼓励社会进行创造性的探索,减少创造活动的成本;在制度安排上要健全和完善公平竞争的环境,促进人们充分展示自己的聪明才智和创造力,不断进行理论思维、体制机制和科学技术等方面的创新,通过创新实现自身更多的利益满足并积极推动经济发展和社会进步。支持创造活动还要建立一种保护创造和爱护创造的机制,即允许人们在创造中失败,宽容创造者的失败。创造活动从本质上讲是一种探索未知领域的活动,在创造活动进行过程中遇到困难、遭受挫折和失败是一种比较普遍,甚至可以说是不可避免的现象。创造者怎样面对困难、对待挫折和失败,社会怎样对待创造者,会对创造活动的最终成败产生决定性的影响。全社会应该形成一种鼓励、保护、关心、帮助创造活动的良性机制和浓厚氛围,健全社会保障体系,使创造中一时失利的人有基本的生活保障,使他们有总结经验教训、东山再起、继续坚持创造活动的机会。

(三)让一切有利于社会进步的创造才能得到发挥

充分发挥一切有利于社会进步的创造才能是和谐社会充满活力的表现。创造才能是蕴藏在创造者身上的创造能力,这是一种非常宝贵的生产力资源。创造才能的发挥就是要做到人尽其才、才尽其用,将可能的生产力变为现实的生产力,取得有创造性的成果,对社会有创造性的贡献。如何将人们的创造才能充分发挥出来呢? 要切实做到尊重劳动、尊重知识、尊重人才、尊重创造(四个尊重),增强创造活力必须首先发挥他们的创造才能,让他们各显其能、各有所为;要在全社会树立尊重人才、珍惜人才的理念,从各个方面创造条件使各类人才有用武之地;要冲破一切阻碍人才发挥的思想观念,改变一切束缚人才创造的做法和规定,革除一切影响人才创造的体制弊端。总之,要使有创造才能的人有安全感和事业心,从而少受干扰,一心一意地从事有创造价值的劳动。

（四）让一切有利于社会进步的创造成果得到肯定

一切有利于社会进步的创造成果都是人类创造的重要结晶,也是对社会的重要贡献,应该得到充分的肯定。要建立科学的创造成果评价体系和机制,保证创造成果的价值得到客观和公正的评估;在分配机制上要充分体现创造成果的价值,将创造成果纳入生产要素参与分配;要尊重创造者的意愿,允许根据合同约定将创造成果以资本的股权或期权形式兑现报酬;应建立以政府奖励为导向、用人单位和社会力量为主体的奖励体系,充分发挥经济效益和社会效益双重激励作用,充分体现创造的价值;对经济发展和社会进步有重大发明创造的成果应给予奖励,形成创造光荣、创造伟大的示范效应;要建立健全创造成果的知识产权保护机制,切实保护创造主体对创造成果的权利,知识产权不明晰则很难激发人们的创造积极性。

第五节 创新型人才的核心问题

影响创新人才成长的因素有很多,但在众多影响因素中创新精神和创造能力是创新型人才成长和发展中最基本的、最核心的,在市场经济史上凡是经受住时间考验的优秀企业都把创造力作为企业的最大财富,时时处处致力于企业的创造力开发。世界著名企业家曾声称:"你可以把我所有的厂房、资金、设备和市场统统拿去,只要保留我的骨干人员,过四年我又是行业的成功者。"这里的"骨干人员"显然就是具有创造力的人才。在他看来,他之所以能成为龙头行业,靠的并不是硬件也不是昔日成功经验的思维定式,而是个人的创造才能和团队的创造力。

创造力是创造主体在创造活动中表现出来并发展起来的各种能力的总和,是人的知识、技能、智力及个性、品格的总和。在纷繁复杂的现代社会,全球问题千头万绪,人类面临的最大问题就是怎样开发人的创造力、发挥人的潜能、提高人类解决复杂问题的能力与消除人类对付全球性问题方面的差距。在未来的挑战面前人类已不能靠有限的资源、能源,也难以依靠历史的经验,只有抓住"创造"这个关键,通过创造发明才能取得突破。

一般来说,创新人才的创造力有三个方面的体现:①审时度势的适应力。人才的创造性活动都是在特定的时空条件下进行的,对所处的时空环境可以深切了解并能主动适应是创造力发挥的前提。为此,要有开放的胸襟、战略的思维、宽广的眼光;要敏于把握时代走向、发展趋势,善于将自己从事的实践与国际、国内大局联系起来,在大局背景中予以准确定位;要敢于突破陈旧观念和习惯思维的束缚,形成创新工作思路,从而激起创业和奋斗的热情;要不断为实践开拓出广阔发展空间,获取令人瞩目的辉煌业绩。②对专业发展的把握力。随着社会日新月异的发展,人才的创造活动越来越趋向于专业化水平,人才的创造力更多地体现在充分发挥专业特长所取得的专业实践成果中。③知识运用的原创力。知识贫乏、孤陋寡闻固然跟不上形势且难有作为,而如果面对汪洋大海般的信息却不知取舍、不会运用,同样难有作为。唯有真正懂得和掌握为我所需的知识才能够迅速、充分、有效地选择、获取、存储并消化、吸收,将其转化为独特的见解、创见、远见,自觉地用知识指导实践才能始终保持科技创新活力、开创新局面、创造出新业绩。这种知识运用的原创力是创新人才的本质性能力。

把开发创造力作为一项基本国策是确保我国在激烈的国际竞争中争取主动、赢得优势的需要。科技工作是一项艰苦的创造性工作,创造是一个民族进步的灵魂,是国家兴旺发达的不竭动力。相关文件指出:"目前世界各国之间的竞争实质上是一场'智力战''创造力战',发挥广大科技人员的积极性,开发创造力,造就和培养千百万年轻一代的科学技术人才,是实施科教兴国战略的一项重要内容。"由此看来,开发创造力早在二十多年前在我国的决策层就已经形成了共识,创造力开发和创造性人才培养遇到了前所未有的大好机遇,大环境是健康的、有利的。

但是,创造力开发和创造性人才的培养是一个富有挑战性的新兴事业,在更多更广的社会层面上培植有利于创造力开发和创造性人才成长的土壤,营造有利于创造力开发和创造性人才成长的外部环境,寻求有利于创造力培养和创新人才成长的科学方法,探索有利于创造力培养和创造性人才成长的激励机制,鼓励和加快创造性研究成果向现实生产力的转化,到今天仍然是一项十分艰巨的任务。

自主创新能力是国家的核心竞争力,也是企业生存和发展的关键,要实现我国经济社会又快又好发展,就必须切实提高自主创新能力。提高自主创新能力是保持经济长期平稳较快发展的重要支撑,是调整经济结构、转变经济增长方式的重要支撑,是建设资源节约型、环境友好型社会的重要支撑,也是提高中国经济的国际竞争力和抗风险能力的重要支撑。我们要把增强自主创新能力作为科学技术发展的战略基点和调整经济结构、转变经济增长方式的中心环节,努力走出一条具有中国特色的科技创新之路。由此可见,在中央决策层对我国未来的战略布局中自主创新已不仅限于科技层面,而是牵动经济社会发展的支点,更是事关国家全局的政治谋略,在未来的发展规划中占据重要地位。

我们一定要有高度的历史责任感、强烈的忧患意识和宽广的世界眼光,紧紧抓住机遇,应对各种挑战,奋力把中国特色社会主义事业推向前进。科学技术是第一生产力,是推动人类文明进步的革命力量;要贯彻落实科学发展观,实施科教兴国战略和人才强国战略;要进一步发挥科技进步和创新的重大作用,把经济社会发展转入以人为本、全面协调可持续发展的轨道。

综上所述,只有把科学技术置于优先发展的战略地位,真抓实干,奋起直追,才能把握先机,赢得发展的主动权。

第六节　创造性人才与创造力

在现实生活中有各种各样的人才,他们到底是怎么成功的呢?不少学生时代的高才生毕业后毫无建树,而一些学习成绩平平的学生后来却成了稀有人才。面对这一绝非偶然的现象,人们不禁要问:决定一个人成功或失败的主要因素到底是什么?

大量事实表明,一个人的成功既不主要取决于知识的多少,也不主要取决于智力的高低,而是与个体的创造力有很大关系。这里我们讨论一下创造学中的两个核心概念:创造性人才和创造力。

一、创造性人才

一般而言,创造性人才包括创造性思维和创造性人格两个方面。

(一)创造性思维

创造性思维是个体在创造活动中表现出来的一种思维品质,属于智力因素。它不仅有一个过程,而且还有产品,但更重要的是与个性、人格特征相联系,表现出创造力的个性差异,即创造性或独创性的智力品质。

创造性思维的特征及其表现:"创造性活动表现出新颖、独特且有意义的特点;思维加想象是创造性思维的两个重要成分;在创造性思维过程中新形象和新假设的产生带有突然性,常常称为灵感;在思维意义的清晰性上创造性是分析思维和直觉思维的统一;在创造性思维的形式上它是发散思维与辐合思维的统一。"

与此同时,也有人提出创造性思维除了具有思维的一般属性外还具有一些它自己的特征:①新奇性。即只有提出与众不同的新奇想法,才有可能进行创造。②灵活性。即能灵活地变换对问题的思维角度,不被常识束缚住,不固执于一种成见之中,思维一旦受阻,能巧妙地转向前进。③联想性。想象比知识更重要,因为知识是有限的,而想象力概括着世界上的一切,推动着历史进步并且是知识进化的源泉。从严格意义上说,想象力是科学研究中的实在因素。④反常规性。即创造性思维往往以违反常情和不合逻辑的形式出现,因而它常常不易被人理解。⑤顿悟性。即创造性思维常常是在人们苦思冥想之后以一种突然的形式在人们头脑中闪现。⑥可迁移性。即从一种情境开发的创造性思维能力可以迁移到其他情境中去。

我们对影响创造性思维的因素进行了归纳,认为它包括积极因素和消极因素两个方面。影响创造性思维的积极因素有:亟待解决的困难或问题,激发创造性思维;广博的知识与兴趣,促成创造性思维;追求普遍性规律或结论,进行创造性思维;具体化和形象化,诱发创造性思维;好奇心、信念和求知欲,激励创造性思维;开展讨论可以刺激创造性思维等。消极因素有知觉定型化,阻碍创造性思维;不健康的心理,扼杀创造性思维;传统习俗的禁锢,使人不敢进行创造性思维;常规性工作方式和思考方法以及由此形成的习惯性思维程序,抑制创造性思维;不加批判地向权威和书本学习,妨碍创造性思维。

（二）创造性人格

创造性人格属于非智力因素。关于这方面的研究,某心理学家曾收集了众多诺贝尔奖获得者青少年时代的智商资料,结果发现他们中的大多数并不是高智商,而是中等或中等以上智商。心理学家在对创造性人格进行研究后提出了八条特征:①有高度的自觉性和独立性;②有旺盛的求知欲;③有强烈的好奇心,对事物的运动有深究的动机;④知识面广,善于观察;⑤工作中讲究条理性、准确性、严格性;⑥有丰富的想象力,敏锐的直觉,喜好抽象思维,对智力活动与游戏有广泛的兴趣;⑦富有幽默感,表现出卓越的文艺天赋;⑧意志品质出众,能排除外界干扰,长时间地专注于某个感兴趣的问题中。

另一位心理学家在此基础上提出了创造力的三维模型理论,其中第三维为人格特质,由七个因素组成:①对含糊的容忍;②愿意克服障碍;③愿意让自己的观点不断发展;④活动受内在动机的驱动;⑤有适度的冒险精神;⑥渴望被人认可;⑦愿意为争取再次被认可而努力。

结合上述观点,可以将创造性人才的非智力因素或创造性人格的特征概括为:健康的情感,包括情感的程度、性质及其理智感;坚强的意志,即意志的目的性、坚持性（毅力）、果断性和自制力;积极的个性意识倾向,特别是兴趣、动机和理想;刚毅的性格,特别是性格的态度特征;良好的习惯等。

由此可见,培养创造性人才不仅要重视培养创造性思维,而且还要特别关注创造性人格的训练,而不能简单地将创造性视为天赋,更重要的是看作后天培养的结果;不要把创造性的教育限于智力,而应是德、智、体、美、劳诸育的整体任务。

很显然,当我们考察创造性人才时应从创造力的广义角度来看,因为具有创造性思维而不能将它变成产品与没有创造力本身是没有多大区别的。所以,创造性人才可认为是具有创造性思维和实现转化能力的人才,或者说具有广义创造力的人才。因此,创造性人才是复合、全面而有鲜明个性特征的新型人才,必须具备个性化的知识结构与能力素质。

二、创造力

有关创造力的研究有很多,但创造力和智力一样,一直没有公认的确切定义。创造性的行为和过程至今仍然是个令人费解的问题。长期以来创造力一直被看成是一种超常的能力。但有人认为创造力的核心特征应该是类似物理学的独创性和规律性,而艺术家又认为创造力应该是充满想象力和创新的。由于这些观点各不相同,对创造力的评价和定义也各不相同,因而有关创造力的实验性研究非常分散。研究者通常用他们自己的研究方法来定义创造力,一般的方法包括心理测量学的评估、社会认知和人格发展的影响、认知过程的分析等。这些方法有一个共性的问题就是绝大多数人都认为创造力只有天才或者是那些具有特殊能力的人所具有的,而不是更多的普通人所具备的特性。他们认为创造力是超乎一般人能力的正常范围,也是超乎我们一般的认知过程。然而,通过最近的关于创造力过程的研究显示,创造力活动中的认知过程具有一定的普遍性和规律性。

(一)创造力的概念

在专业研究领域,创造力是个复杂而具有争议性的概念,查阅有关资料,发现研究者对创造力的概念各持己见,表述众多。

著名摄影发明者认为:创造力是愚蠢行为的突然中止。

也有研究学者说:创造力是指创造者最富特色的能力。

某创造性开发委员会将创造力定义为:自主地抓住自己工作的真正目的,为实现这一目的,以自己的独立见解为基础进行革新的能力。

心理学家讲:创造力是人产生任何一种形式的思维结果的能力,而这种结果在本质上是新颖的,是产生它们的人事先所不知的。创造力本身就包含由已知的信息建立起新的系统和组合的能力。此外,还包括把已知的关系运用到新的形势中去建立新的相互关系的能力。

知名心理学博士说:创造力是根据一定的目的,运用一切已知信息,产生出某种新颖、独特、有社会意义或个人价值的产品的智力品质等。

以上观点分别从创造活动的过程、创造活动的主体、创造活动的结果等方面对创造力进行了研究,并取得了众多的研究成果,但结果造成对创造力的概念难以把握的状况。

尽管如此,我们还是能够在众多观点的表述中简单地归纳出两种比较明显的认识倾向:一种认为创造力是一种心理过程,另一种认为创造力是一种产物,但其中也有一个共同点,他们都认为创造力是一种心理品质。

根据学者们对创造力的认识,这里把创造力的概念概括为:创造力是具有积极个性心理品质的人,在各种社会实践活动中能够打破常规产生出具有现实意义的创造成果的能力。这里的"成果"可以是新概念、新思想、新理论、新技术、新工艺、新作品等。它不管是强调思维过程还是强调思维产品或思维品质,都有一个共同点,即突出"创造"的特征。这样,在认可了创造力是一种能力的同时又认可创造力是一种复杂的心理过程和新颖的产物。按照这样的理解,对创造力的判断标准应该有三点,即是否新颖、是否独特、是否具有社会或个人价值。"新颖"主要是指不墨守成规、破旧立新、前所未有,是相对于历史而言的纵向比较;"独特"主要是指不同凡俗、别出心裁,是相对于他人而言的横向比较;"有社会价值"是指对人类、国家和社会进步具有重要意义,如重大发明、创造等;"有个人价值"则是指对个体的发展有意义。但是,这一判断标准并不意味着没有进行过创造活动、没有产生过创造产品的个体,就一定不具有创造力。也就是说,创造力有内隐和外显两种形态。内隐的创造力是以某种心理、行为能力的静态形式存在的,它从主体角度提供并保证个体产生创造产品的可能性,但在没有产生创造产品之前个体的这种创造能力是不能被人们直接觉察到的。当个体产生出创造产品时这种内隐的创造力就外化为物质形态,成为外显的创造力。

(二)创造力的认知规律

1.认知规律在创造性活动中的普遍适用性。有关创造性认知过程的研究还没有肯定的结论。然而,有些研究者提出创造性活动也包含十分规则的认知过程。实验研究发现,人们在完成创造性和非创造性的实验室任务时表现出相似的信息加工过程。在非创造性的分类任务中,人们运用样本的典型特征作为判断类别的标准。例如,在判断鸵鸟、知更鸟、蝙蝠是不是鸟类的任务中,典型特征就包括大小、羽毛、飞翔等。在创造性的任务中发现,人们在创作外星人或玩具时同样是以分类的典型特征为基础的。因此,我们可以得出一个结论,在非创造性任务中重要的特性似乎对需要高创造力的任务也同样重要;另外,信息的功能性特征和关联属性也同样影响创造性和非创造性的任务。在实验中,发现如果在创作绘画任务时给被试样例之后会引导被试者画出这些例子的某些表面特征的细节。

2.创造性任务和非创造性任务。由于研究者试图证明用于创造性行为的认知过程同样作用于更加一般的任务,因此,将创造性和非创造性的任务要求区分开来则显得十分重要。虽然他们的认知过程和机制是相似的,但是对于两个不同的任务要求,信息加工不可能是以同样的方式进行的。在非创造性任务中主要依赖记忆获得信息,而记忆是以一种特殊的上下文编码或以特殊的学习情境为基础的。外显记忆的任务,例如分类等任务要求那些根据上下文编码的元素进行重建;而相应的,尽管在创造性任务中也需要某些领域的信息,但是对于信息的范围以及可变性没有过多的限制,即对记忆结果没有很明确的要求。因此,虽然创造性和非创造性任务中都存在回忆过程,但是,创造性任务的特点是能搜索到更广泛的记忆范围,或者特异性限制更少。有研究表明,创造力的产生需要更多的全局知识结构系统,因此创造性和非创造性认知过程的区别在于被试者在完成任务时所选取的信息不同。

3.创造性认知过程的理论模型。创造性认知过程的阶段论,早在19世纪末和20世纪初,国外物理学家就提出了可以将创造过程分成准备、潜伏、启发或灵感、证实或详细阐明等几个阶段。准备阶段包括思考或学习与将要解决的问题相关的知识等心理因素。并且指出,除非是极小的问题,解决方法通常不会在这个时候找到。潜伏期就是当一时找不到解决方法时暂时把问题搁置起来。一段时间之后解决方法就会浮现出来,这就是启发或灵感阶段。最后,在详细阐述的阶段,形成合理而周密的新想法。

(1)创造力的精神分析理论:该理论是从精神分析的角度出发,认为富有创造力的人比缺乏创造力的人更容易在初级状态和次级状态之间转换,而认知的不同主要表现在初级—次级加工的连续性上。在做梦和幻想等正常状态以及精神失常和催眠等异常状态下均可发现初级思维加工。初级思维加工的特点是以自我为中心的、自由联想的和无拘束的,而且,常常是以具体图像来表现的;而次级加工是抽象的、合乎逻辑的,清醒状态下现实的思考。克里斯认为创造性灵感常常来源于初级加工状态,因为初级状态是联想性的,有利于发现心理因素间的新结合,而对创造的详细阐述和表达则通常在次级状态下完成。一些研究发现,有创造力的人比缺乏创造力的人有更多怪诞的行为,能更好地回忆起他们的梦境,并且更容易被催眠。实际上,低创造力的人在初级—次级加工过程的连续体验中或多或少会出现"阻塞",从而很难产生创造性的想法。

(2)生成探索模型:在这些研究的基础上,还有学者提出了创造力的生成探索模型,这个模型主要归纳了创造性活动中的认知过程。该模型提出创造性活动就是对心理表征的提炼和重建的过程。其认为创造性活动的认知过程主要有两个,即产生过程和探索过程。产生过程是以不完全的形式建构最初的心理表征;而探索过程则是针对任务的创造性要求,对在初级过程中形成的表征进行提炼加工和反复修改。该模型提醒人们注意的是在生成阶段,人们要构建一种叫前发明结构的心理表征。这种表征并不是最终完整的产品或方案,常常只是一个思想的种子,但是它们有希望产生创造性的结果。生成过程包括记忆中提取已有的结构、对这些结构进行简单联合或合并、新结构在头脑中的综合、在头脑中将已有的结构转变成新形式、把一个领域的信息类推转变到另一个领域、类比还原等,从而使已有的结构从概念上被还原为更基本的要素。

在探索阶段,人们要寻找有意义的方式来解释前发明结构,从而获得创造性的发现。如果最初的探索就能够获得对当前任务满意的解决办法,那么最初的前发明结构就能直接生成创造性产品。如果最初探索无效,就要放弃最初的前发明结构而去尝试生成另一个更有希望的前发明结构或者修改最初的结构并运用修改后的结构重新进行探索过程。探索阶段包括在前发明结构中寻求新颖的或是需要的特性,寻求这些结构中比喻性的暗示,寻求结构的潜在功能等。

(三)创造力产生和选择过程的观点

根据认知的初级次级过程理论,在生成探索模型、二层等级模型的基础上,有学者提出了一个创造力认知过程的框架,他们认为创造力的认知是两个综合过程相互作用的结果。这两个综合过程就是产生合成和选择。在产生合成阶段,创造者从相关领域进行广泛的信息搜索,这些信息片段临时组合在一起形成某些新颖的组合;而在选择阶段,创造者对这些组合体通过选择、保留或放弃使其形成一些小的子集,这些子集可以继续根据记忆的线索进行更多的合成和选择过程。

产生过程在很大程度上与非创造性记忆提取很相似。然而,在创造性过程中不仅仅要提取与任务相关的信息,同时也要对信息进行合成加工。过渡阶段的合成允许提取的信息部分地合并,然后作为再次提取线索去搜索更深层次的相关信息或创新性的信息片断,如此不段反复。尽管这个过程看起来似乎是有意识和有准备的,但是生成的过程实际上依赖于直接信息(有意识的定向提取)和间接信息(无意识的信息提取)的联合应用。

合成过程和产生过程紧密相关,它包括将原先并无联系的信息片段提取合并成一个新的单独的信息,这种信息的合成并不只是形式的合并,更多时候是概念的合并,因而会产生一些独立的新产物。最近一些关于概念合并的研究指出单独的概念作为整体概念放在一起会很容易产生概念合并的某些特征,而出现新颖的概念。由于产生和合成过程是紧密相关并不断重复的,因此,我们可以将它们一起作为初级过程。

产生过程是产生一些可能会用于创造性活动的备用信息,而选择过程才是最终将信息形成产物的关键过程。选择过程是更高级的过程,它决定了什么信息将被采用以及怎样将这些信息组合在一起。其中的一个机制是从产生过程选择某些信息的子集保留或者丢弃,选择过程可以保留或者否定产生和合并过程形成的产物。它控制了信息的选择,并根据创造性的任务来检查已经形成的创造性的产物。不过,在其他研究中发现,人们在进行"创造性思考"时并不能完全避免去模仿别人的创新想法。这说明,选择过程的发生机制还不是很清楚,有可能是即刻的、自发的,或是依赖于特殊的任务的。

结合初级和次级过程的观点,我们可以将几个模型和理论做一个大致的归纳,初级过程主要的机制是产生和合成,而次级过程则主要在于对信息进行选择和监控。

(四)创造力初级过程的影响因素

1.过去经验的无意识影响。从记忆研究的结果来看,启动效应是指执行某一任务对后来执行同样的或者类似的任务的促进作用,启动是无意识的自动过程,其形成和提取不依赖于有意识的认知过程。然而,研究者提出各种启动存在着某种普遍性。通常,研究者是通过知觉辨认、词干补笔等任务来研究内隐记忆机制的,而该研究者将这些研究扩展到外显记忆的任务中,如自由回忆和再认等。他们给被试者一个单词的列表,包括目标词、形似词和概念上相关的三个词(同义词、相关词、相同种类的词)。当要求被试者完成词干补笔或者自由回忆的测验时,词干补笔仅仅受形似字的影响,而自由回忆对于概念相关的词有不同的影响。实验结果说明先前经验的影响并不只与如何提取给予的信息有关,同时也与提取信息的性质有关。非创造力的任务和创造性任务相比,对于先前经验和任务要求的敏感性不同。

该研究同时也指出,产生过程不只是简单地通过内隐或者外显的方式来提取信息,而很有可能是两者相结合的结果,因此创造性任务中相关信息的产生也存在直接和间接两种路径。在对其设计的玩具或者外星人的研究中他们给予其中一半的被试者一些相关的例子,每种例子有一些共性的特征,并不告诉被试者这些共性。尽管这些被试者在实验要求里知道不能临摹这些样例的任何一个方面,实验结果仍然显示,样例组所设计的作品包含样例的特征要高于不给样例组的12%,而且这个影响会持续约23分钟(在第二个实验里)。被试者虽然被警告不能重复这些例子,但他们仍然不可避免地应用了显示的样例。这给无意识的间接影响(内隐的影响)提供了很好的证据;另一方面,提供样例的被试者比没有例子的被者试更多地模仿那些被禁止的特征,也证明了外显因素的直接影响。

2.知识结构的影响。虽然内隐知识的影响似乎是很明确的,但是也有很多关于创造力的研究更关心已经构建好的知识结构体系,而不是近期出现的信息。毕竟知识体系规定了提取和产生信息的组织,它们对于认知过程的作用是毋庸置疑的。然而要强调的一点就是,根据上面回顾的无意识的影响,知识体系并不一定是有意识地直接提取结果。对于不同的任务要求,人们基于生成的作业语义的前后关系,可以更自动、更加无意识地提取这些知识体系。

有学者做了一系列的实验证明了无论信息最初是如何获得的,人们是以原有的知识体系作为出发点来提取的,原有的知识有助于理解和获取模糊信息。

国外社会学家提出了"结构想象力"的理论。他认为创造性的想象会受诸如先前存在的范畴和心理图式等知识体系的影响。在他的绘画创作实验中,他们发现关于外星人的创作如果不给其他的材料,人们的作品几乎都包括了与地球生物类似的特征。例如,左右对称、感觉器官、移动的方式等。有趣的是即使让这些被试者明确地列出了地球生物的特征,但他们大多数也没有将左右对称列出来,这或许也提示我们创作过程包括更多无意识过程。

根据他的实验结果可以发现由于实验指导语的限制,被试者从地球生物种类中提取的信息非常有规则。如要求被试画外星人时,生活在和地球相似的星球上的就比生活在完全不同的星球上的外星人包含有更多的地球生物的典型特征;另外,被试者倾向于在创作时运用与种类相关联的特征,如羽毛、喙和翅膀等。这些结论都强烈支持了创造性想象是以现有知识体系为基础的。

(五)创造力次级过程的选择与监控机制

1.创造性行为特异的选择机制。创造力投资理论在一定程度上阐述了选择机制的重要性。学者认为这是个体的一种特殊的品质,那些对选择的信息有更好的直觉的人更有可能创造出有巨大影响的新颖作品。这个理论是以经济学中"低买高卖"的原理为基础的。当人们采用未知的但极有可能形成创新性作品的某些想法时被称为"低买";而当这些曾经不被人关注的想法逐渐被证明是有发展前景,逐渐成为热门的"紧俏产品"时被称为"高卖"。根据该理论,个体要有效选择有价值的信息需要六种资源:智力、知识、思维模式、人格、动机和环境。高创造性的人拥有一定量的资源较多,并能协调一致地应用这些资源。

从认知的角度来看,他们理论提出的策略构成了不同的认知过程。对同一任务,不同的个体可能采用完全不同的方法。当采用不同的策略时会扩大或缩小产生综合过程的信息,或者产生不同类型的信息,因而从中选择的保留或者放弃的信息也会发生相应的变化。这种差异不仅存在于个体之间,即使是同一个体也会随着时间发生变化。我们可以发现大多数有创造力的人也会不时地缺乏创造力,而普通人也会偶尔产生创造性的灵感。因此,创造性的行为是变化的,是从可利用的信息中经过特殊的选择得来的。投资理论说明了信息的选择过程对创造力至关重要,同时也提出了先前的知识或经验也是信息选择的基础。

2.信息的监控和选择。创造力的信息监控是指能有效对想法或者作品进行新颖性的监控。一般来讲,它包括关于信息原型的重构,因此当一个人有新的想法时如果他及时记起这个想法是另一个人早先的观点,那么这个"新"想法就根本不再有独特性了。研究者提出了一个比较完整的信息监控模型。依照这个模型,上下文编码的定性特征在性质上是不同的,它同时包括了知觉细节、信息的空间和时间特性、感情的信息以及编码的细节和过程。这些定性的信息可以充分地"诊断"信息的来源或者原型,因此,它可以确定这些想法的中间产物或者最后的作品是否具有真正的创新性。

在综合阶段产生的信息来源经过监控如果被确认是来自外部已有信息的,即不是自己真正的原创作品,那么经过选择过程就不会在最后的作品中出现。但是,到目前为止,人们仍然不清楚监控过程是怎样在创造性活动中发挥作用的。信息的监控也不完全是精确的,无意识的剽窃或者潜在的记忆似乎可以解释为信息监控的失误。

第二章 学习成果评价的基本理论

第一节 学习成果评价概念

一、什么是学习成果

(一)大学生的学习特点

学习心理学大多建立在有关动物和儿童学习实验的基础上,对作为"准成人"的大学生学习关注是不足的,因此很多结论可能并不一定适用于大学生学习。大学生学习与基础教育阶段的学习存在较多差异,这影响着对其学习成果的评价。

从学习内容上看,大学生学习是一种专业学习,或者说是结合着一定通识学习的专业学习。专业知识与技能具有远超基础教育阶段的复杂性和专业性。具体表现为专业术语多、概念性知识多、程序性知识多;尤其需要学生掌握应用、分析、创造等高阶认知能力。同时,本、专科阶段的学习特别要求学生"学会学习",以适应和应对快速变化的工作岗位要求。此外,由于专业是高校根据社会职业分工和学科知识分类开展人才培养的专门领域、基本单位和组织形式,社会职业的变化和学科知识的变化会让大学生的专业学习内容充满动态性和一定程度的滞后性。

从学习目标上看,大学生的学习目标比基础教育阶段要更为多元,但基本可以分为两类:掌握专业基础知识和技能,为进一步研究深造做准备和为直接就业或者创业做准备。究竟学习目标为何,要看学生自身根据各种条件所做的选择。追求知识和技能的实用性是大学生特别关注的。他们只有在体验到需要学习某种知识和技能时才会去积极主动地学习。

从学习时间上看,大学生的专业学习是按照各个课程模块开展的,比如通识教育课程、专业基础课程、专业方向课程。因此,大学生的学习一般在一段时间内会集中于一个或少数几个领域(课程科目),然后根据课程模块或者自身需求转换。学生在课程上也存在较大的选择权。

从学习方式上看,大学生学习的自主性凸显。学生在专业的限定下自主确定学习目标,自主选择学习内容,自主决定学习媒介、方法与策略,自主确定如何受指导以及选择学习伙伴,自主确定学习时间、强度和投入。在实践中经常发现凡是学习自主性不强的学生,其学习成果必然不尽如人意。

从学习心理上看,大学生的学习已经具备了相对于他们自身来说较为稳定和成熟的学习方式和思维模式,有关学习的情感、态度、价值观也日趋稳定。最有效的学习动机是内在而非外在的。换言之,改变他们的学习心理要比基础教育阶段难度更大。

大学生学习的这些特点对学习成果评价提出了很多挑战。比如,专业预设的学习成果可能会根据职业要求变化而变化。通识学习成果可能具有高度的情境性,比如"问题解决能力"对于不同学科专业的学生来说意思可能完全不同。多元化的学习目标可能会让评价的内容陷入究竟侧重于学术性还是应用性的两难。学习时间的阶段性可能会让评价的时间安排变得复杂等。

(二)学习成果的概念

学习成果有时也被称为学习结果、学习效果、学习成效。从字面意义理解这个概念是非常清晰的,即学生经由学习而获得的成果。研究者从多个角度对学习成果做了定义。

有学者给学习成果下了一个非常简洁的定义,即"学习成果是对某人即将所学的一种期望"。这个研究还引述了其他的观点,比如"学习成果是学生基于其学习历史应该能够展示、代表和产出的东西""学习成果描述了我们对于学生毕业时应该知道、理解并应用他们所学知识的一种意图""学习成果描述了高等教育的有意目标""学习成果是对教育活动期待结果的一种描述"。大学生学习成果是指"学生参与一系列学习体验后,在知识、技能、能力等方面的收获,根据不同的标准可以将学生学习成果分为认知、非认知的,心理、行为的,在校期间、大学毕业后的成果"。经合组织2008年的一份工作论文《高等教育中学习成果的评价》将学习成果定义为"由于学习而产生的个体变化或收益,这些变化和收益可以以能力或成就的形式来测量"。报告中引用了某学者的观点,即学习成果是"因学习而让学习者知道的和会做的事",并指出很多研究者将学习成果定义为"能够被观察、被展示出来和被测量的东西"。

可以发现,前述各定义在本质上区别不大,都将学习成果定义为"经由学习而达到的收获、成果或状态",但也存在一定的差异,其中最重要的差异在于学习成果究竟是学习者的"变化"还是"变化后的最终状态"?按照经合组织论文的观点,应该是"变化";按照其他学者的观点,应该是变化后的最终状态。对学习的直接测量实际上测量的是成就。成就是如下三种学习累加到一个时间点的表现:学生在正式与非正式教学中的经历,学生的自学,学生的实践。换言之,学生成就是学生在经历了教学、自学和实践后的累加表现。对成就的测量不是测量学习本身。如果要真正测量学习,就必须对学生个体进行追踪,既要知道变化后的最终状态,还要知道变化前的初始状态。对学习的真正测量应该测的是"变化""增长"或"增值"。

综合前人的观点,学习成果与学习是不同的概念。学习是发生在时间段上的概念(虽然也有顿悟),而学习成果是出现在时间点上的概念,是变化的结果。学习成果是学习者经由学习所达到的成就,即"知道什么、能做什么"以及"能够展示什么"的一种描述。当然,这不是一个操作性定义,因为这个定义没有对成就做出具体界定。因为学习的时间是一个变量,所以学习成果并不一定非要如尤厄尔所提出的"参与一系列学习体验后",较为单一的,甚至短暂的学习也会产生学习成果。此外,学习成果一定与学生的学习基础有极大的关联。过去的成就往往能预测未来的成就。最后,需要强调的是,大学生的学习成果并不一定能归因于大学生所在高校的教育活动。如前所述,大学生的学习非常强调自主性,学校所提供的教育给养只是大学生可以利用的学习条件和环境,学习成果在很大程度上依赖于大学生个体的学习投入。

(三)学习成果的相关概念

根据学习成果的内涵解读,其外延应该不难确定。但在研究和实践中仍然有很多似是而非的概念被认为是或者接近于学习成果。其中,尤其是那些影响学习成果或者被学习成果影响的概念最容易和学习成果本身混淆。

1.学习投入不是学习成果。学习投入的概念是在某国著名的全国大学生学习投入调查开始兴起的。这一调查从1998年酝酿,1999年试点调查,直到今天已经过去了二十几年,在高等教育界具有较大的国际影响力。所谓学习投入指的是"学生在个人学业和课堂内外有效教育活动中所投入的时间及精力,以及学校如何在政策、实践及制度等方面吸引及支持学生学习"。显而易见,学生投入的时间和精力以及学校的支持都不是学生的学习成果。但是在很多版本的学习投入调查中可能会涉及学生对于自身学习成果的主观评价,诸如"你认为你的学科知识是否得到了提升? 综合能力有没有得到加强?"这些主观评价的题项测量的是主观的、自陈式的学习收获或学习成果,不是直接客观的学习成果。

2.学习质量不是学习成果。学习质量本身不是一个清晰定义的概念,但我们至少可以从两个视角来理解。从学习者的视角来看,学习质量与学习效率是同义词,即花较少的时间和精力学到了想学且应该学的东西,这就是高质量的学习。从这个视角看,学习质量影响学习成果,学习成果反映学习质量,但学习质量本身不是学习成果。还有一种视角是其他利益相关者,比如对学习成果与学习质量进行区分。认为学习成果是侧重于对学生最终学习结果的客观性描述,其中不带有价值判断和价值取向。学习质量则侧重于对学生学习成果取向和相应的"量"的程度进行判断,是对大学生学习收获和学习成果的诠释,是学生通过学习活动在认知、情感和行为等方面取得的收获和成果。这一视角的学习质量显然也不是学习成果。

3.学生的满意度不是学习成果。学生对于学习诸要素的满意度是学生学习研究的重要议题。我国在近几年开展了全国性的高等教育满意度调查,满意度的对象涉及高等教育投入、过程等各个方面。比如,对设施设备的满意度,对食堂、宿舍、图书馆服务的满意度,对教师教学的满意度等。但无论是对什么的满意度,即使是对学习成果的满意度,这都不是学习成果本身,尽管学习成果和学生满意度之间存在相互影响。

4.学生发展不是学习成果。如前所述,学习成果是出现在时间点上的,是变化的结果。它是相对静止的概念,而学生发展是一个动态的概念,是关注学生个体在大学期间发生的变化以及这些变化产生的过程。此外,学生发展一般指的是正向的变化。没有发展就没有学习成果;而测量学习成果就很难了解学生的发展状态。最后,不是所有的学生发展都以学习成果的形式出现,比如,学生的自我认同等。

二、学习成果的分类与分层

(一)学习成果的总体性分类

显然,学生经由大学学习所能达到的成就是多种多样的。学习成果的类别是教育学和心理学研究的经典议题,有很多共识也有很多异见。任何分类都带有一定的主观性和武断性,且不同类别之间往往既有交叉重叠又有相互影响。有的分类是理论导向的,是从学习成果的心理学属性或者认知过程特征开展工作;有的分类则是经验导向的,是从现有学习成果类别中进行归纳提炼。对学习成果总体性的分类是指对领域的分类,在这一点上存在的共识较多。最常见的是将学习成果分为认知领域和非认知领域两大类别。领域分类的典型有以下几点。

1.经合组织的分类。经合组织在2008年的工作论文《高等教育中的学习成果评价》中将学习成果分为认知性成果和非认知性成果两大类别。认知性成果分为知识成果和技能成果两个亚类,其中知识成果又可分为通识与学科专业知识,技能成果也相应地分为通用技能和领域特定技能;非认知性成果包括学生社会心理的发展、态度与价值观。这一分类是粗浅的,不能指导具体的学习成果评价。

2.环境输入与输出理论的分类。学者在有关大学如何影响学生的重要文献述评中引用了环境输入与输出理论在1973年有关学习成果的分类。环境输入与输出理论认为可用三个维度来区分学习成果:成果类型、数据类型、时间跨度。成果类型有认知和情感两个领域。该学者的文献分析发现,认知领域的成果包括知识获取、决策、应用、推理论证等。情感领域的成果包括态度、价值、自我概念、抱负、人格等。数据类型有心理的和行为的两类,主要反映的是成果如何操作化和评价。其中,心理数据反映了人的内部心理状态,经常需要通过考试、测试等来评价;行为数据一般基于对个体的直接观察或者由个体直接报告。成果类型和数据类型可以形成一个2×2的交叉表(见表2-1)。但该学者在总结学习成果时也表示并非所有的学习成果都能准确落入这四个单元格,比如学生的道德发展可能兼有"认知的—心理的"和"情感的—心理的"两种属性。

表2-1 环境输入与输出理论学习成果分类框架的应用

认知的—心理的 (如学科内容知识、批判性思维等)	情感的—心理的 (如态度、价值和人格倾向)
认知的—行为的 (如受教育程度、职业获得与收入等)	情感的—行为的 (如领导能力、专业选择、职业选择等)

进一步思考环境输入与输出理论分类,可以发现这一分类框架是非常粗线条的,没有更进一步对认知性学习成果和情感性学习成果进行细化以及层次化。研究认为,认知与情感几乎是所有学习成果分类中公认的领域划分,比如我国基础教育中常提的"三维目标",即知识与技能,过程与方法,情感、态度、价值观。此外,"心理的"和"行为的"的分类标准是学习成果的操作化或者说评价形式:"心理的"指的是内隐的学习成果;"行为的"是外显的学习成果。实际上,"心理的"学习成果同样经由外显行为或者自我报告才能评价(测试中学生的反应就是一种行为,否则就没有所谓的项目反应理论了)。此外,可以发现表2-1中的例子很多并不属于直接的学习成果,比如受教育程度、职业获得、收入、职业选择等,这种分类将学习成果的概念泛化了。总之,这一分类框架在学习成果评价中参考价值和指导意义不大。

3.我国学者的分类。我国学者认为,学习成果是一个广义的概念,汉语中最贴近的翻译应是学习收获。学习收获可分为四个范畴:①知识范畴,包括学科专业知识、通识教育、发展兴趣爱好或认识大学以外的现实生活;②技能范畴,包括在学科专业领域及其他领域取得的成功的"窍门",包括自学能力、获取信息能力、高效沟通能力以及思辨能力;③个人意识范畴呈现了大学生理解自我的诉求,在塑造和认识的往复中构建自己的兴趣、个性和价值观,并且开始形成责任感和职业意向;④社会交往力范畴,包括扩大社交圈、表达需求、发展协作与领导力、建立亲密关系和理解他人等。

综上所述,认知和情感领域是学习成果的主要领域。其中,认知性的学习成果是研究者主要关注的领域,一般存在从知识到能力、从具体技能到宽泛能力的层次差异。非认知性的学习成果,目前对其分类并无一致的意见。其中,情感性的学习成果往往体现了两种属性:一种是作为学习成果的情感;另一种是作为辅助认知性学习的情感,即作为教学策略或条件的情感。比如,兴趣、好奇心、探究心等,既可以作为学习的成果,也可以作为学习的条件。

除认知和情感领域外,一些特定专业的学习成果还涉及动觉领域。在美术、戏剧、音乐、舞蹈、体育、护理等专业领域,学生的学习成果往往随着技能的复杂性和熟练度呈现出一定的层次性。比如,体育专业的学生先是模仿地做某种运动,然后独立地做某种运动,最后达到较高的熟练程度和水平。其中有些学习成果既涉及认知技能也涉及情感,呈现出一定的综合性。比如,表演艺术专业的学习成果往往是一堂汇报演出,在演出中学生的表现既有认知因素(对剧本的记忆)也需要情感表现力,还需要表演技能的熟练度。

从前述学习成果的定义和总体性分类看,学习成果不是一个在理论上存在清晰要素和结构的概念。要评价学习成果首先就需要明确评价哪种学习成果,被评价的学习成果位居哪一层次,比如要评价高等数学中的专业基础知识、土木工程领域内的工程问题分析能力、通识领域的批判性思维能力等。

(二)认知性学习成果的分类

1.认知二维矩阵分类。认知性学习成果的分类是这一领域中最具影响力的。国外教育学教授担任该国大学考试委员会副主管时恰逢该大学本科生院成立并推行以核心课程和综合考试为中心的教学改革。为给考试人员减少准备综合考试试题的工作量,他与其合作者展开了长达7年的研究。他们在继承科学管理评价理论的基础上将教育目标分为认知、情感和动作技能三个领域。1956年,他们提出了认知领域的"知识、领会、运用、分析、综合、评价"六种教育目标,以服务于大学考试。该教授去世后,2001年,其继承者又扩展此分类学模型,将学生学习的知识分为事实性知识、概念性知识、程序性知识、元认知知识四个维度,将学生的认知过程分为记忆、理解、应用、分析、评价、创造六个维度。知识与认知过程组成的二维矩阵则构成了可能的教育目标,形成了新的分类学框架。"认知过程+知识"式的动宾短语格式已经成为教育目标陈述的标准形式。教师眼中的教育目标就是学生视角的学习成果,因此这一分类框架也可视为学习成果的分类,特别是其认知过程部分可以被看作具有螺旋上升的层次。我们经常将层次高的认知称为高阶学习目标,如分析、评价和创造。

该教授分类侧重于教、学和评价的一致性,理论导向色彩浓厚,同时可直接指导评价实践。情感领域和动作技能领域的分类也被相继推出,但后两者的学术和实践影响力不如认知领域的学习成果分类。认知领域的分类被他称为"教育的—逻辑的—心理的"分类体系。"教育的"是指类别之间的区分大体能反映教师对于学生行为的区分;"逻辑的"是指类别内在一致、合乎逻辑、从简单到复杂、从具体到抽象以及认知过程的累积层次性;"心理的"是指分类与心理现象大体上一致,但不是给心理现象分类。

2.层次分类。认知性学习成果的分类是一种新的思路。作为教育评价的专业人员以及知名的大学学习评价创造性学习的最初设计者之一,该学者首先将知识分为四种类型:陈述性知识(知道事实)、过程性知识(知道怎么去做)、原理性知识(知道为什么)和战略性知识(知道何时适用)。然后,他从知识的获取途径(知识主要是从学生的直接经验来还是从遗传来)以及其抽象程度(知识主要是具体内容导向还是抽象过程导向)两个标准,对大学生的学习成果进行了分类和分层。如图2-1所示,最低层次的学习成果是智力,包括一般性智力、流体智力与晶体智力;第二层次的学习成果是一般性推理能力,比如言语维度、数量维度与空间维度的推理能力;第三层次的学习成果是跨学科专业的宽泛能力,包括推理论证、批判性思维、问题解决、决策以及沟通能力;第四层次的学习成果是学科以及专业能力,包括学科专业的知识、理解与推理论证能力。在这四个层次中智力是抽象程度最高、最为过程导向的,其获取主要依赖于遗传以及累积的经验;而学科及专业能力则是具体程度最高、最为情境导向的,其获取主要依赖于直接经验。

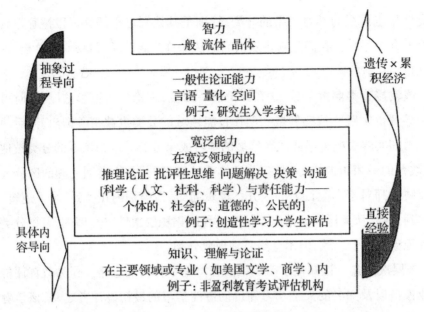

图2-1　学习成果框架

　　四个层次学习成果的测量所依赖的工具有较大差异。他仅给出了采用标准化测试形式评价学习成果的工具例子。智力的测量主要有各种智力量表，如韦氏成人智力量表等。一般性推理能力测量的典型工具是研究生入学考试（适用于法律与商业外的各专业）。跨学科专业宽泛能力的测量工具有创造性学习，即大学学习评价项目，主要检视大学通识教育的学习成果。对于学科以及专业能力，比较典型的测量工具是非盈利教育考试机构的专业领域测试以及经合组织开发的测评教育评价学考察学科评价。

　　与认知二维矩阵的分类相比，他的分类遵循的是从一般到特殊的认知结构层次，即智力——一般性论证能力——跨学科宽泛能力——学科专业能力，因此非常有助于我们理解不同种类的评价工具究竟在评价什么，同时有助于我们设计评价工具。但对于具体的学习成果评价来说，这种分类还不够细致。如对于跨学科的宽泛能力，还需要做进一步的理论分析才能设计问题情境和评价题项。

　　3.专家组的分类。美国国家教育统计中心设立的高等教育合作委员会组成了"基于能力的计划"专家组。这个专家组提出了一种学习成果的层次框架（图2-2）。在该框架中位于底层的是特质与特征，它是学习的基础，类似于智力。具有不同特质和特征的人追求不同的学习经验。第二层次是"技能、能力与知识",它是在学习过程中获取的,是学习经验的成果。第三层次是"素养",是整合性学习经验的成果。第四层次是"展示",是素养应用的结果,这一层次实际上指的是学生的表现。这一分类区分了"技能、能力与知识"层次和"素养"层次,明确了素养是整合性学习经验的结果,还指出了对于所有学习成果的评价最终都要落在素养的展示上。但是这一分类同样过于简单,对学习成果评价的指导作用有限。

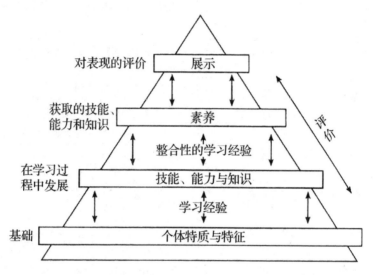

图2-2 专家组提出的高等教育学习成果层次

综上所述,认知性学习成果的分层一般表现出"从知识到技能再到能力或素养"这样一个抽象和概括程度越来越高的趋势。智力总体上来说是学习成果产生的认知基础,不可单独作为学生的学习成果。认知性学习成果的分类一般采用学科范围的视角,比如,其可以分为学科能力、跨学科的宽泛能力等。

(三)情感性学习成果的分类

相对于认知性学习成果,情感性学习成果的分类研究较少。这是因为情感本身很复杂,是心理学研究的薄弱领域,而针对大学生情感性学习成果的研究就更少。在这一领域,我国学者及其团队的研究最具代表性、影响力和前沿性。他们聚焦大学生现实生活中较为突出的、容易被心理学界认同、便于教育实践操作的情感素质,将大学生情感素质定义为个体在遗传和环境共同作用下经实践形成的相对稳定的、基本的与大学生阶段的发展相应的、积极的情感心理特征。大学生情感素质可以分为2层次,6大类,共33种情感结构(见表2-2),并且均有相应的测量工具、实证研究结论和客观事实佐证。

表2-2 大学生情感素质的分类

层次	类别	情感	解读
本体层面	道德情感素质	爱国感	对国家忠诚、热爱的情感
		责任感	对自己分内的事勇于承担并尽力完成的情感
		公平感	在待人处事中追求平等、一视同仁的情感
		正直感	勇于坚持原则、刚正不阿的情感
		公益感	乐于参与爱护公物、保护环境、节约资源等公众利益活动的情感
		信用感	为人处世信守承诺的情感
		奉献感	乐于为社会付出而不求回报的情感
	理智情感素质	好奇感	易于对周围事物产生认知兴趣的情感
		探究感	乐于对事物的特性、机制、规律等进行研究的情感
		自信感	对自己学习能力确信的情感
		成就感	在学习中追求成功的情感
		乐学感	乐于学习的情感
		专业感	对自己所学专业接纳和喜爱的情感
	人际情感素质	亲密感	朋友之间能相互理解并交流内心体验的情感
		合作感	愿意与他人共事的情感
		宽容感	能原谅别人且心安的情感
		恋爱感	对异性爱慕、忠诚和负责的情感
		感恩感	因获得他人的恩惠而产生感激的情感
		关爱感	对非亲属者关心、爱护和帮助的情感
	生活情感素质	自强感	克服困难,积极进取以求获得自我发展的情感
		自立感	依靠自己的力量独立生活的情感
		自尊感	自我尊重和要求他人对自己尊重的情感
		珍爱感	对人类、动物、植物等一切生命体的爱护和珍惜的情感
		幸福感	对自己的生活现状感到满足而快乐的情感
		乐观感	以积极的心态生活处事的情感

层次	类别	情感	解读
本体层面	审美情感素质	自然美感	对自然界的欣赏而产生的美感
		人文美感	对人文作品的欣赏而产生的美感
		科学美感	对科学内容的简洁、对称、和谐等表现形式的欣赏而产生的美感
		仪态美感	因自己或他人的仪表、举止得体而产生的美感
操作层面	情绪智力	理解他人情绪	善于理解他人情绪的能力
		表达自己情绪	善于表达自己情绪的能力
		调控自己情绪	善于有意识调节和控制自己情绪的能力
		调控他人情绪	善于有意识调节和控制他人情绪的能力

　　前述情感素质分类描述的是整个大学阶段的情感性学习成果。就课堂教学层次的情感性成果而言,国外某学者在1964年制订的情感领域目标分类具有国际影响力,但由于缺乏测量工具、体系过于烦琐以及具有西方文化背景而难以移植,因此在我国的研究和实践中很少使用。我国学者受这个分类启发,从教学中学生情感活动的实际情况出发进行探索,提出了课堂教学层次的"三维度四层次"的情感目标分类体系(见表2-3),并开发了由48个形容词组成的问卷对学生、对课堂教学的情绪情感感受进行测评。

表2-3　课堂教学情感目标分类

维度	意义	层次(表现)
乐情度	反映教学在促进学生乐学上发挥作用的程度	接受(对所教内容表现出愿意接纳的意向)→反应(对教学内容表现出一定的主动参与态度)→兴趣(对教学内容表现出明显的喜欢)→热爱(表现出欲积极追求所教内容的强烈情感)
冶情度	反映教学在促进学生情感陶冶上发挥作用的程度	感受(能体会到教师在教学中所表现出的教材内容中所蕴含的情感)→感动(在感受的基础上自己也产生相应的情感)→感悟(引起内心深处情感上的触动)→感化(把内心深处的感受上升到理性的层面,成为某种新的情感形成中的一个触发点和情感发展中的一个新生点)
融情度	反映教学在促进师生情感融洽上发挥作用的程度	互动(师生间围绕教学活动发生了人际的互动)→互悦(师生间的人际关系在教学活动中达到积极呼应的程度)→互纳(师生间的人际关系在教学活动中达到友好互助的程度)→互爱(师生间的人际关系在教学活动中达到互敬互爱)

总的来说,情感维度的学习成果具有明显的主观性,只能经由学生的自我报告、他人的观察记录等途径才能被测量和评价。这里主要讨论直接测量学习成果的理论和方法,因此在情感性学习成果的评价上着墨不多。

(四)学习成果的获取与评价层次

按照学习成果获取以及评价实施的层次,学习成果从低到高至少可以分为课堂学习成果、课程学习成果、专业学习成果、院校学习成果、区域以及国家学习成果五个层次。其中课堂学习成果是针对某一堂课而言,课程学习成果是针对某一课程或科目。如果教师严格按照科学设计的教学大纲来教学,那么每一堂课都会有相应的学习成果,教师可以通过课堂作业等形式对其进行评价。课程学习成果是课堂学习成果的加总、提炼和整合,教师可以通过考试、考查等形式进行评价。专业学习成果可以通过前述顶点课程的方式开展评价,也可以通过毕业设计、学位论文的形式开展评价。在专业认证中还可以通过其他方式提供学生专业学习成果的证据,如将课程学习成果通过一定方式整合出专业学习成果。院校学习成果经常会以院校全体学生都接受的通识教育成果来体现,比如美国很多高校都会使用大学生学习评估、非盈利教育考试评估机构、批判性思维能力测试等标准化测试来评价学生的通识教育成果。区域和国家学习成果一般仅在大规模的测评中才会出现,目前在高等教育中还非常少见。需要提及的是,目前对于前两个层次有关学习成果的研究重视不多。这主要是因为对课堂与课程学习成果的评价主要掌控权在教师,专业外部的评价力量尚未渗透。而专业和院校认证主要关注的是整合性的学习成果,不是课堂和课程层次。

三、什么是学习成果评价

(一)评价与评估

谈及评价和评估的区别,必须首先了解英语中的看法和评价二词。因为在有些研究中人们倾向于将英语中的看法和评价与中文中的评估和评价两词形成--对应关系,即将看法翻译成评估,而将评价翻译成评价。比如阐述某国高等教育中"学习成果评估"的内涵时就直接把英语中"测量是看法的组成部分,而看法是评价的组成部分"对应为"测量是评估的组成部分,而评估是评价的组成部分"。我国的工程教育认证标准中也将评估和评价做类似的区分，即"评估指确定、收集和准备各类文件、数据和证据材料的工作，以便对课程教学、学生培养、毕业要求、培养目标等进行评价。有效的评估需要恰当使用直接的、间接的、量化的、非量化的手段，评估过程可以采用合理的抽样方法。评价是对评估过程中所收集到的资料和证据进行解释的过程，评价结果是提出相应改进措施的依据"。换言之，评估是为评价做准备的。

前述对应式的翻译并无大的不妥之处，是一种对术语介绍时的简便处理办法。但需要注意的是，英文中的看法与评价实际上也是近义词，只不过在教育研究中使用术语时人们习惯于用看法表示对学生个体所学进行判断，而用评价表示对教学项目、课程、方法以及某种教育干预措施有效性的判断。即使是这种习惯上的区分也并不存在绝对性，实践中研究者仍然在替代使用看法与评价。比如某些学者仍然将看法定义为"以改进学生学习和发展为目的的对教育项目信息的系统收集、检查和使用"。学有学者在介绍看法的简史时认为看法开始至少有三种意义：一是"通过学生被观察的表现来决定个体掌握复杂能力的过程"；二是基础教育阶段的"大规模标准化测试项目，如全国教育进展评估"；三是"旨在收集证据以改进课程与教学的一种特别的项目评估活动"。可以发现，这三种含义中第一种强调个体学习，后两者都强调的是个体加总层次上的学习，且第三种含义是用评价来解释看法。

研究认为，英语中的看法和评价可以在一定程度上区分开来，但汉语中的评价和评估从来都是近义词，经常互用，因此无法和英语中的两词各自严格对应。如果非要对二者做区分并且不引起歧义的话，不妨从当前我国高等教育中对于评价和评估二词的实际使用情况来区分。比如，我国有教育部高等教育教学评估中心，主要负责"实施高等学校教学、办学机构教学和专业教学工作的评估"。可见，该评估机构的"评估"与英文中的评价的习惯性用法更接近，因为它并不专门评估学生的学习，而是以专业或者机构为对象。同样，江苏省、上海市、北京市、湖北省等地成立了教育评估院，并未使用"教育评价院"这一名称，也说明了这一点。在学术研究中我们也经常使用需求评估、影响力评估、绩效评估等词汇，表明评估的使用范围更大。再到"评价"一词，中文中常用"学业评价""学业成就评价"而很少使用"学业评估"或"学业成就评估"。

这里的"评价"与英文中的看法更接近,因为它更关注学生的学习。总的来说,从我国实际使用情况来看,中文中的"评价"一词更接近于英文中看法的原义,侧重于学生的学习;而"评估"一词更接近于英文中评价的原义,侧重于对教育项目、专业乃至于机构的效能做出判断。

可以看出,对评价和评估二词的实际用法与前述研究者的对应式翻译正好相反。这里仅按照这些术语(无论中文和英文)在实践和研究中的常用情况来选择使用"评价"或是"评估",以尽可能减少歧义。

(二)学习成果评价

在深入分析评价和学习成果两个概念后对学习成果评价的概念就不难理解了。但正如前言所述,学习成果评价受到重视,是在强调问责、外部评估和质量保障的大背景下,具有很强的政策话语色彩,因此在实践中人们的解读和描述也各不相同。

有学者认为,学习成果评价是"在决策、加强高校绩效和公众问责中收集和使用学生学习证据的系统性盘点"。这个解读强调了学习成果评价的目的,并将其类比为库存盘点。显然,这种解读没有关注课堂、课程层次的、阶段性的学习成果,也没有提及学习成果评价对于改进教师教学的作用。因此他们提出这样的问题:"学生学到了什么——不是在单一的课程中,而是由于整体的大学经历。"

某些学者对于评价的定义,将学习成果评价描述为"基于下列要素做出的系统调查:作为假设的学习、作为情境的教育实践和经验;作为信息收集的评估;以改进为方向的决策"。该描述并没有清楚地定义学习成果评价,但给出了评价的要素,同时强调了评价的目的是改进。

"学生学习成果评估"的主要含义是指评估主体运用各种测量方法和测量工具,持续收集、分析有关知识、技能等学生能力增值和情感、态度变化情况的信息,并以这些信息为直接证据,对照学习成果的最初设定进行评价、判断教育教学的成效,找出学生学习和教师教学及相关学生服务等各个教育环节中的问题并有针对性地加以改善,最终实现提高学生学习成果、促进学生个体发展的高等教育质量保障之目的。这一定义较为全面地解释了国外高校学习成果评估的含义,并特别强调:①"对照学习成果的最初设定",即评价中的标准参照;②学习成果评价促进"改进"的内部质量保障功能;③概念意义的变化性,因为他指出这一概念是在历史发展过程中不断演变后约定俗成的,在不同的时期其内涵与外延有所差异。

前述概念界定描述的都是该概念在特定情境中的含义。前述各种解读中对学习成果评价目的的阐释充分说明了这一点。不同目的的学习成果评价含义是不同的,其方法也存在差异。比如,国外高等教育中的学习成果评价很多是在应对外部问责、评估,因此关注的都是终结性的学习成果,在方法上侧重于校际可比的大规模标准化测试。

然而,仅从特定情境出发理解学习成果评价是不够的,学习成果评价也具有其自身的本质的学理上的含义。我们知道,评价在很多时候是一种实践,理论上缺少深度,因此教育评价学家都希望能"建立一种评价的学术"。某一领域成为一种专门学问最重要的基础是对基本概念有明确的界定。因此,学习成果评价需要有一种去情境的定义。因为学习成果评价是一个复合词,即"对学习成果的评价"是一种有特定对象的活动或过程。因此,对于高等教育中学习成果评价的定义是:由高校或专业教育评价机构中的人员通过一定的方法、工具、程序、标准设计和实施的,对大学生经由一定时间的学习经验所能达到的认知与非认知状态所开展的证据收集、结果解释和价值判断的活动。

这个定义是从学习成果评价的本质特征出发的,它明确了学习成果评价的主体(谁来评)、客体(评价谁)、方法(怎么评)以及其活动本质(评价什么)。首先,这个定义抛却了学习成果评价的功能要素。学习成果评价具有多种功能,比如校准和重设学习目标、改进教育教学、提供问责应对的证据等,具体服务于哪种功能是随着情境变化的。因此,在定义中不宜预设功能,即"为了……的活动"。其次,这个定义不强调学习成果的终结性和整合性。尽管整合性学习成果的评价在实践中最受关注,但事实上只要经历了一定时间的学习,一般都会有相应的学习成果,都可以开展学习成果评价活动。这里的时间可以是一堂课、一个教学单元、一门课程乃至一个学位项目。再次,这个定义认为学习成果评价实际上是从收集的证据中推论学习成果的过程,是一种基于证据的行为。证据从哪里来?它从评价任务中来。评价者可以从观察学生在评价任务上的表现来推论学习成果。既然是推论,评价就一定是估计而不会那么精确。最后,这个定义对方法、工具和程序持开放态度。通过标准化测试或量表开展的测量是评价的主流方法,但通过档案袋等方法开展的定性评价也应该得到认可,甚至教师精心设计的有关学习成果的课堂提问也应属于学习成果评价的组成部分。无论是正式的、有计划的、有记录的评价,还是非正式的、可以快速得到成果证据的评价,都可以归入学习成果评价的范畴。收集到可信的学习证据是关键。定义的核心是"证据收集、结果解释和价值判断",因为这是评价活动的本质。

(三)学习成果评价的相关概念

1.学习成果评价与测量。测量也称测度、度量,指的是依据一定的法则或标准来描述事物大小、数量和程度等事物属性的行为或过程。测量的结果是用数字来表达。测量是学习成果评价中证据收集的方法之一,但并非方法的全部。此外,测量不涉及价值判断,但评价一般结合有价值判断。

2.学习成果评价与测试。测试有时也称考试、评价,测试也是学习成果评价的主要形式。但测试不仅仅服务于学习成果评价,在其他心理测评、职业能力测评等领域中也被广泛使用。测试还可以用于入学考试,如中国的高考、国外的学术能力评估测试或者大学内部的分流考试(如转专业考试、进入各种创新计划的考试),但这些考试与大学生的学习成果评价并无关系。测试也不是学习成果评价的唯一形式,通过学生调查、访谈、汇报演出同样可以开展学习成果评价。

3.学习成果评价与学习评价。学习评价是一个比学习成果评价更上位的概念。对学习的评价包括多个方面,比如对学习支撑资源、环境的评价,对学习投入的评价、对学习过程中各要素的评价等。我们可以将学习成果评价理解为学习评价的一个组成部分。当然,也有人为方便考虑直接将两者替代使用。

4.学习成果评价与教育评价。人们对教育评价也有多种理解。有时,人们也会把教育评价等同于学习成果评价。有学者在一项研究中提出了教育评价的基本概念框架,即教育评价是在特定认知理论的基础上根据具体的教育目标在课程教学的某个阶段对学生的学习成果系统地收集证据并解释结果的过程,这一过程还可能包括对评价结果的反馈。因此,学习成果评价与教育评价是同义词,但是教育评价的范围更广,有时其涉及的对象要超过学习成果的范畴,比如对学习基线(起始点)的测量也属于教育评价的范畴,但学习成果评价一般不指对学习开端的测量。

5.学习成果评价与教学评价。教学评价是一个对象广博的概念。评价模型(情境—输入—过程—产品)可以帮助我们加深对教学评价的理解。从评价的对象看,教学评价至少可以包括如下四方面:对教与学的环境或者条件的评价(情境);对学生初始学习状态的评价(输入);对教与学过程中各种因素、活动、方法、环节乃至各种主观感受的评价(过程);对学生学习成果及其他与教学利益相关人发展变化的评价(产品)。可见,教学评价是一个大的研究和实践领域,具有对象上的全纳性,而学习成果评价仅仅是教学评价的一个组成部分。学习成果评价可以为评价教师的教提供一定的佐证,但评价教师的教还需要提供其他方面的证据。同样,学生的学习成果除了受教师的教影响外还受学生自身的其他因素影响。

6.学习成果评价与毕业要求达成度评价。毕业要求达成度评价是近年来在专业认证中才出现的概念。根据《工程教育认证标准》中的解释,毕业要求是对学生毕业时应该掌握的知识和能力的具体描述,包括学生通过本专业学习所掌握的知识、技能和素养。因此,毕业要求达成度评价实际上是专业层次的学习成果评价。区别在于毕业要求达成度评价是根据学生在各门课程中的成绩、与预设学习成果的映射关系、预设的权重以及一个预设的标准(比如0.7),最后获得一个"达成"或"未达成"的结论。因此,毕业要求达成度评价是学习成果评价结果的综合计算和再判断,是成果导向教育理念下学习成果评价数据的二次应用。

(四)学习成果评价的常模参照与标准参照

根据评价结果的参照方式,学习成果评价可以分为常模参照与标准参照两种。所谓常模参照,是指将某学生的表现与其他参与评价的所有学生的表现或者与一个有代表性的固定群体的学生的表现进行比较计算相对位置而得出的评价结论。这里的所有学生或固定群体学生就是所谓常模。而标准参照,是指将某学生的表现与评价者预设的标准进行比较而得出的评价结论。预设标准是一组规定明确的知识能力要求或教学目标内容,因此评价结论是

"绝对"的评分。选拔性考试一般使用常模参照。我国大学英语四、六级考试的分数报道采用常模参照方式,不设及格线,四级考试的常模群体选自全国16所高校约三万名非英语专业的考生。而英国的雅思考试则采用标准参照方式,学生的成绩对应的是相应的能力等级。比如7分意味着"流利,准确,偶有错误。能有效运用英语,虽然偶尔出现不准确、不适当和误解。大致可将复杂的英语掌握得不错,也能理解详细的推理"。我国大学的学习成果评价中课程考试采用的是标准参照式。

(五)学习成果评价形成性与总结性

根据用途和目的,学习成果评价可以分为形成性与总结性两类。所谓形成性评价,是指评价结果用于诊断、改进目的的评价;而总结性评价是指评价结果用于鉴定、评分目的的评价。显然,形成性评价经常发生在教育教学过程中,而总结性评价一般则发生在教育教学结束时。形成性评价一般是标准参照的,即教师根据一定的预设评判标准来评价学生,而总结性评价既可能是常模参照的,也可能是标准参照的。当然,这种根据目的和用途的分类往往并非泾渭分明,比如本身用于鉴定学生成绩的评价又被教师用于诊断改进学生学习,此时评价兼具形成性和总结性。总结性评价一般存在不同程度的利害性。在高等教育阶段人们一提到学习成果评价,绝大多数是指总结性评价。比如,对于期末考试、毕业论文等,人们往往会忽视教师在课堂中大量使用的正式或不那么正式的学习成果评价形式——如单元测试、作业、表演、展示等(即所谓的课堂评价)。

正如教育评价学家斯坦夫尔姆所言,"评价最重要的意图不是为了证明,而是为了改进"。形成性评价的核心职能是反馈,因此对日常教学和人才培养工作最有价值。在下节有关学习成果评价的理论框架中我们可以发现形成性评价与高校内部主体——广大师生的关系更为密切。而总结性评价一方面和学生的利益密切相关,另一方面也容易被高校外在主体使用来达到评估和问责的目的。

第二节　学习成果评价理念

　　课程与教学领域的奠基之作《课程与教学的基本原理》中将"如何评价学习经验的有效性"作为课程编制的一个基本步骤和基本问题。这里的评价就是指学习成果的评价。将学习成果评价作为确定教学目标、选择学习经验、组织学习经验之后的步骤来看待的。在大学教学和评价的实践中课程的概念与基础教育阶段相比更贴近职业活动需要。选择和组织学习经验远没有基础教育阶段那样结构化和制度化。确定教学目标、评价学习成果与基础教育阶段也存在很大差异。比如，目标的来源更依赖于学科专家而非对学生的研究，评价学习成果更多的是教师个人行为而非有组织的行为。因此，有必要对高等教育中的学习成果评价做进一步的概念阐释。

　　对学习成果评价概念进行解读以及在总结现有评价实践的基础上构建一个学习成果评价的概念框架(见图2-3)。在这个框架中社会需求、职业要求、学习理论和大学生的发展理论共同决定着预期的学习成果。根据预期的学习成果，学生的学和教师的教共同构成了教育教学活动，产生了实际的学习成果。对学习成果进行证据收集、结果解释和价值判断的过程构成了学习成果评价的关键要素(见图2-3的虚线框部分)。评价结果可以用来反馈以改进高校内部主体的教育和学习活动，当然也可用于和预期的学习成果进行比较参照，对预期学习成果进行相应的调整。此外，评价结果可以用于外部主体对学习成果的鉴定乃至问责。

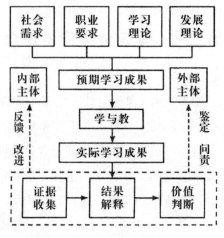

图2-3　学习成果评价的概念框架

一、社会需求、职业要求与学习成果评价

社会需求是指当前及未来社会对于高等学校培养人才的一般性要求。这种一般性要求是预设学习成果必须考虑的因素。社会需求一般指向跨学科的知识、技能、价值观与素养，是高校通识教育的重点指向，如良好的道德素养、批判性思维以及分析性推理能力、分析和解决复杂问题的能力、口头和书面表达能力、沟通能力、团队合作能力等。

职业要求是指专业人才培养所指向的当前及未来职业对于从业者的要求。虽然当前越来越强调通识教育的重要性，并且部分专业性人才的培养重心也逐渐上移到研究生阶段，但本科教育是专业教育，这在绝大多数国家和绝大多数高校仍然是基本事实。因此，预设学习成果不能不考虑职业要求。一些行业协会对于毕业生学习成果的要求有很大的话语权，如工程师协会、律师协会等。职业准入条件越高，对于专业学习成果的要求也越高。

社会需求与职业要求一方面影响着预期的学习成果（即应该达到什么样的学习成果）；另一方面也影响着对学生学习成果的评价（即应该评价哪些学习成果）。此外，社会需求和职业要求也会对学习成果评价的方法产生影响（即应该如何评价学习成果）。比如，经合组织的高等教育学习成果测评试点项目旨在评价土木工程专业的学习成果，由于土木工程师的职业越来越强调工程分析能力，因此在评价中就设置了很多跟工程分析能力有关的题项。因为工程分析能力一定是跟具体问题情境相关的,因此该评价中设计的题项都结合了具体的情境。

二、学习理论、学与教和学习成果评价

学习理论是指涉及待评价的知识和能力以及对于学习本身的理论和信念,或者说评价背后的知识观、能力观与学习观。"评价的性质必须与被评价的学习的性质相一致",因此学习理论决定着学习成果评价的内容,回答的是"应该评价什么"的问题。学与教是大学最基本职能在学生和教师两个方面的反映,是学生获取学习成果的基本途径,也是学习成果评价的服务对象,它回答了"为什么而评价"的问题。学习理论对于学和教、学习成果评价具有重要影响,在此做重点论述。

(一)一般性学习理论与学习成果评价

一般性学习理论是指宏观层次的学习理论,它回答的是"学习是什么""学不同的东西应该用什么方法评价"的问题。在过去的一个多世纪中,心理学研究使得人们对学习的认知产生了巨大的变化。从研究动物开始,大部分学者先驱逐渐发展出经典条件反射、操作条件反射和观察学习等基于联想和模仿的学习理论。这种学习理论因为强调心理学研究要基于可观测的行为变化而被称为"行为主义"。简单来说,行为主义者认为知识是独立于学习者的客观存在,知识和技能的学习具有刺激—反应性、机械性、累积性和渐进性的特点,是一个传授、记忆、吸收和掌握的过程。行为主义所对应的学习观和教学观强调知识和技能的传授效率,以其为基础的教学可以被归纳为"以教师为中心的教学"。他们甚至认为"必须告诉学生结果而不管他做得对或错,如果做得对,再引导其进入下一步",他将学生视为被动的、完全依靠外部激励的学习机器。行为主义所关注的学习成果一般为事实性的、分散性的和程序性的知识以及较低层次的技能,因此其对应的或者说最适合的评价方法是传统的选择题及其变体(如判断题、配对题等),一般被统称为"选择—反应"测试或者说"客观"测试。这类评价方法规定了学生的反应类型,结构性强,因此具有简单易行(尽管其设计需要科学考量)、信度高、评分客观等优点。某教育评价学家在讨论评价对于学习的意义时曾指出,20世纪的主流范式是社会效率导向的课程

理论、行为主义的学习理论以及科学测量导向的评价理论三者的结合。其中，科学测量的主要形式是"客观"测试，主张"一题考一个技能"。

如图2-4显示，如果将学习理论看成一个存在两极的连续体，那么行为主义在一端，建构主义则在另一端，并且随着时间的推移后者正处于越来越受认可的地位。

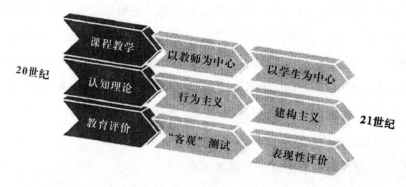

图2-4 学习理论及其所对应的课程教学与学习成果评价方法的演变

从20世纪末开始，建构主义的学习理论在高等教育领域内逐渐兴起。建构主义主要源自进步主义教育哲学以及有关认知发展阶段和"最近发展区"的研究。建构主义者认为知识不是经由他人传授获得的，甚至都不是客观存在的，而是学生在一定情境中借助一定的学习资料，在他人的帮助下通过意义建构出来的。建构主义对应的教和学强调真实情境的创设、挑战性的任务、小组合作和自主探究。教师的角色不再是知识的传授者，而是学生学习的辅助者，因此基于建构主义的教学经常被称为"以学生为中心的教学"。基于问题的学习、翻转课堂等时下流行的教学模式均以建构主义为理论基础。建构主义强调学习者自己主动去构建知识。这非常符合成人学习的特征，如"越成熟，越自我导向；累积的经验是学习的丰富资源；只有在体验到有需要学习某项知识或技能的时候才会准备去学习；比儿童更多以问题为中心；最有效的动机是内在的"。针对这种学习特征的评价任务也需要学生通过建构，而不是通过记忆和再现来完成。因此，与其相适应的评价方法也被称为"建构—反应"测试，具体包括结构化和开放性程度不等的表演、实验、创造等实践任务以及简答、论述、作文等书面任务，其中结构化程度最低、开放性最强的被称为表现性评价。它需要学生能够批判性地思维、解决复杂问题，并将知识运用于真实情境中。

这些能力的评价是传统的"客观"测试无法胜任的,比如对于论文写作能力,选择题只能评价出学生能否记住写作的基本步骤和要素,事实上只有真实的写作任务才能真正对学生的写作能力进行评价。需要提及的是学习成果评价方法同样可以被视为存在两极的"光谱",其一端为"客观"测试,另一端则为复杂的表现性评价。在这个"光谱"中还存在着填空、解释性练习等结构性和自由度居于中间位置的评价方法。表2-4展示了不同学习理论对应的两种学习成果评价方法之间的区别。

表2-4　"客观"测试与表现性评价的区别

区分维度	"客观"测试	表现性评价
学习理论	行为主义	建构主义
任务形式	选择题及其变体(选择反应)	论述、作文、创作、表演(建构反应)
考查的知识	事实性(陈述性)知识	过程性、原理性与战略性知识
考查的能力	低阶思维;单一维度能力	高阶思维;多种维度能力
问题结构	结构性强、自由度弱	结构性弱、自由度强
问题情境	无情境	真实情境
结果解释	客观判断+标准答案	主观判断+预定质量标准
评分信度	信度较高	信度较低

(二)具体性学习理论与学习成果评价

和一般性学习理论比较宏观的特点相比,具体性学习理论关注那些学科专业中特别具体的知识和技能学习,因此它应该受到教师和评价设计者更多的关注。具体性学习理论关注的问题是"被评价的概念结构是什么""掌握某种知识和技能的学生和没有掌握的学生在表现上有什么不同""学生在解决某一个具体问题时是如何思考的"。教师在课堂教学中如果没有把这个问题弄清楚就很难做到科学教学,也很难做到科学评价。目前在数学和科学教育领域中这一方面的研究相对较多,在综合思维能力(如批判性思维)领域也有相关研究,但总体来说,具体性学习理论的研究不多。

力矩是力和力臂的乘积。力矩是描述物体转动效果的物理量,物体转动状态发生变化受力矩的作用。

学生理解了力矩概念和没有理解力矩概念应有什么不同? 从一个具体的

评价任务可以回答这一问题。评价任务被设计成一个像跷跷板一样左右两边总长度相同且距离中心点每隔一个单位距离都有一根小棒的天平,砝码可以套在小棒上。学生们需要预测天平在设置为不同重量砝码(重力)和不同离中距离(力臂)时哪边会下沉。研究者发现,学生是根据如下规则解决问题的。

规则1:如果两边重量一样,天平平衡;如果重量不一样,重量大的一边会下沉。

规则2:如果重量不一样,重量大的一边会下沉;如果重量一样,离中距离长的一边会下沉。

规则3:如果重量和离中距离都一样,天平平衡。如果一边的重量更大(但和另一边的离中距离相同)或者离中距离更长(但和另一边的重量相同),那么该边会下沉。如果一边重量更大但另一边离中距离更远,只能猜测。

规则4:计算两边重量与离中距离的乘积,乘积大的一边会下沉。

显然,掌握(用规则4)和没有掌握力矩(用规则1~3)的学生在面对不同设置的天平时预测正确的概率是不一样的。可以据此将两边的砝码重量和离中距离设置成多种情形让学生去预测。所谓的具体性学习理论指的就是这样的理论。当然,这个例子只是具体概念和技能学习的一个小例子。另一个例子是对通识学习成果的评价,比如批判性思维能力、全球胜任能力等。这些能力非常抽象、概括,需要进行详细的定义才能开展评价。“测量一个抽象的学习成果,需要严谨明晰的定义,有了定义,下一步才能进行有意义的测试”。但在心理测量领域,当前大多数的测量学者都更关注统计模型,而不是研究如何更好地设计项目或开发测量工具。可见,具体学习理论在评价中占有基础性地位,也是其中难度最大的部分。虽然说高等教育传授的是“高深知识”,但在不同学科的学习中遇到的概念与技能和前述例子中的力矩概念只有复杂程度上的区别,不管是什么概念与技能,都有与之相对应的学习理论。具体性学习理论可以说明在某一概念或技能上新手和专家的思维本质区别和表现差异。因此,教师根据具体性学习理论可以直接设计评价任务。同样,具体性学习理论是指导教师课堂教学的科学利器。

综上所述,一般性学习理论既影响着学和教的方式,同时也影响着学习的评价。持有什么样的学习观,基本上决定着会评价什么样的学习成果,同时影响着对学习成果评价方法的选择。具体性学习理论对于学习成果评价的指导意义更大,它不仅决定着特定学习成果的理论结构还决定着使用什么样的评价任务(或者说题目、问题)能够引发出学生应该有的反应和表现。

三、发展理论、学与教和学习成果评价

学生发展理论是指学生在认知和非认知倾向上发展成什么样、如何才能发展以及其影响因素的一整套概念体系。大学生的发展包含发展能力、管理情绪、从独立自主到相依共存、发展成熟的人际关系、自我同一性的确立、培养目的感和塑造评估七个维度。有学者根据我国大学的实际情况将大学生的主要发展任务分为健康的生活、自主学习、人际关系发展、自我调节、自我概念发展、自我规划、自主性发展七个方面。某学者认为,大学生发展模型是对"怎样才算一个受过高等教育的人"的反思和重建,并在总结学习成果评价模型等五种大学生发展影响因素综合模型的基础上提出了大学生发展影响因素的"场域—互动"论模型。

各种学生发展理论可以归纳为不同的发展维度,也可以在不同视角上解释学生发展的影响因素,因此它对于学与教的目标、领域与方法都有指导意义。比如,学生发展理论关注学生的自我意识以及社会化,学生的学和教师的教也应该有意识地关注这些发展指标。学生在自我规划、人际关系等方面的发展需要借助学校建立的各种机构、团队、平台和网络而得到锻炼,不能全由学生个体独自摸索。

同样,学生发展理论对于学习成果评价也有直接影响。首先,它影响学习成果评价的内容。学生发展理论所重视的各种非认知的收获,需要学习成果评价的关注。其次,它影响着学习成果评价的方法。比如,自我规划能力的评价可能需要表现性评价等方法才能有较高的效度。最后,它影响着学习成果评价结果的使用。高校和教师可以根据学生学习成果评价的结果来比较学生整体或个体在不同发展维度上的水平,也可以在不同群体、不同学校之间比较学生不同维度的发展水平。如果学生发展理论侧重于某一方面的影响因素,还可以根据评价结果与影响因素之间的关系进行相应的调整和改进。但总的来说,有关学生发展理论对于学习成果评价的意义和影响的研究,目前在高等教育领域中还很少。

四、证据收集、结果解释与价值判断

证据收集、结果解释和价值判断是学习成果评价的关键要素。证据收集指的是要求学生表现出(选择出、说出、写出、表演出或创造出答案等)展示他们所具有的知识、能力和素养的任务或情形。它专指评价方法,回答的是"如何评价"的问题。证据收集可以是定量的测量,也可以是定性资料的收集展示,当然也可以是多种方式的结合。

结果解释指的是如何从证据中得出评价结果并据此对学生的学习成果进行推论的过程,回答的是"评价结果是什么含义"的问题。在课堂学习成果评价中教师负责解释评价的结果,他们一般对收集到的证据进行直觉或定性的解读,这种解读是非正式的、随意性较大的。对评价结果的解释则完全依赖教师的主观判断,没有正式的评分工具和准则,容易带有教师个人的偏见和误差。比如,评分中容易存在"光环效应",即教师容易给自己偏爱的、在课堂上表现积极的学生高分。在大规模标准化测试评价中有着严格的评分标准,并从多个方面来保证评价结果的客观性。结果的解读主要依赖统计模型,来对学生的能力以及熟练程度进行汇总及分层,这种解读是正式的、复杂的、高度依赖标准的,科学性很强。

价值判断指的是根据一定的评价标准对评价结果进行价值和优劣判断的过程。这里的评价标准既可以是预设的绝对基准〔达到什么水平可以算作"优秀",什么水平可以算作"合格"等,即标准参照,也可以是未预设的相对基准和共同参加评价的学生群体平均值比较,即常模参照,还可以是其他利益相关方制订的主观标准(比如,教师制订的对学生作业的评价标准)。价值判断向来是个难题,因为标准的设立就是一个技术难题,存在较大的主观性,并且将学习成果和标准进行对照同样难以达到自然科学中的精确性。此外,将多种学习成果整合成总的结果涉及权重分配问题,而权重分配向来难以求得一致意见。比如,在专业认证中根据各种课程的学习成果对毕业达成度进行评价向来充满争议。

五、评价结果的使用:问责与改进

在理论框架中,还存在有关评价结果使用的两条虚线箭头。这两条箭头

分别指向高校内外的两种利益相关者。内部的利益相关者包括学生、教师、管理者以及高校内部围绕人才培养的所有人员。外部的利益相关者主要包括政府、第三方评价机构以及有意图了解学习成果评价的所有人。内部主体对于学习成果评价的使用主要是为了反馈和改进，即强调评价的形成性功能；外部主体则主要是为了鉴定和问责，即强调评价的总结性功能。从理想的角度看，反馈和改进应该是学习成果评价结果使用的主要功能，但从实际看，目前的学习成果评价只有在课堂层次可以起到一定程度的改进作用，在课程层次主要起鉴定作用，在专业和院校层次所起的作用主要是应对问责。

六、理论框架的内外部一致性

前述框架中应该保持两种一致性：其一是学习成果评价的外部一致性。它指预期学习成果要与社会需求、职业要求、学习理论以及发展理论相一致。预期学习成果不能超越社会需求和职业要求，成为阳春白雪而曲高和寡。预期学习成果也不能违背学习理论和发展理论，导致虚无缥缈而缺乏根基；其二是学习成果评价的内部一致性。它指预期学习成果、学与教和评价应该具有一致性。预期学习成果体现在院校、专业和课程等多个层次，但最终要下沉和落实到课程层次上。理想状态下课程内容应该遵循学科、职业的双重逻辑紧紧围绕着预期学习成果并考虑学和教的心理学。学与教应遵循学习和教育心理学并主要聚焦于课程的预期学习成果而达成实际的学习成果。评价应着眼于课程的预期学习成果并关注预期学习成果与实际学习成果之间的差距。这个差距既可以用于改进也可以用于问责。评价自身同样需要以学习理论为依据，确保使用恰当的证据收集方法并合理地对评价结果进行解释和价值判断。

两种一致性都实现了才是理想状态中的学习成果评价。外部一致性如果没有实现，预期学习成果就失去了正当性。这个问题涉及培养什么样的人、培养什么样的专业人才的问题，实际上这种一致性存在一定的逻辑两难。比如，职业要求强调学习成果的专精，而社会需求强调学习成果的通用性。院校、专业和教师需要在不同的需求中达到某种平衡，以确保预期学习成果既对未来有一定的预见性，又在现实中能遵循学习和发展理论。如果预设的学习成果全是学生可以通过死记硬背获得的，那么即使评价的内部一致性可以得到保证,评价也是缺乏质量和效度的。比如,在学生评价结果非常影响教师自身绩效的情况下教师会主动地降低考试难度,提前"画重点",考试"考重点",内部的确实现了目标—教学—评价的一致性,但这种一致性是没有意义的。

研究认为,外部一致性是理想的学习成果评价的前提,内部一致性是理想的学习成果评价的基础。内部一致性的实现难度更大。首先,课程与教学有时并没有围绕预期学习成果开展。课程的设置有时候并没有从学生角度考虑,而是"因人设课"。课程内容因为缺乏标准,有时即使是同样的课程名称也会因教师不同而大相径庭。教学由于缺乏实质性规范以及教师教学水平的差异有时也会偏离预期的学习成果。不同类型和层次的学习成果需要不同的证据收集方法,但有时评价方法和学习成果类型之间并不匹配。比如,教师本想通过概念辨析题来测量和评价学生的分析论证能力,结果由于学生死记硬背而实际测量了学生的记忆能力……情况不一而足。对于评价者来说,确保被评价内容的认知理论与设计的评价任务之间的一致性最为重要。

第三章　学习成果评价的实施要素

要对学生学习成果实施科学的评价,至少需要三个方面的信息:清楚陈述的学习成果、有效的证据收集方法、设置明确的评价标准。这三者缺一不可,共同构成了学习成果评价的基本实施要素。其中,收集学习成果的证据时需要设置恰当的问题情境。有了证据和评价标准,还需要对评价结果进行结果解释和价值判断。本章主要从如何陈述学习成果、如何通过各种方法收集学习成果的证据、如何设置评价任务的情境以及如何确定评价标准四个方面来介绍学习成果评价的实施要素。

第一节　学习成果的陈述

一、学习成果的来源

根据前述理论框架,我们知道学习成果不是无源之水,不能凭空创造。对学习成果评价最重要、最有意义的参与者——教师来说,要清楚表述学习成果,必须注重如下来源,并将学习成果表述和这些来源有机联系起来。对于其他参与到预期学习成果制订中的人来说,充分考虑学习成果的各种来源,有助于更全面地预设和陈述学习成果。

1.国家的教育目的。教育目的是培养人的总目标,是国家或社会对教育所要造就的人的质量规格所做的总体规定与要求。它关系到把受教育者培养成为什么样的社会角色、具有什么样素质的根本性问题。"高等教育的任务是培养具有社会责任感、创新精神和实践能力的高级专门人才,发展科学技术文化,促进社会主义现代化建设。"

2.大学的整体目标。每所大学都有自己独特的使命和愿景。大学作为提供高等教育的机构,其目标应该指引并且指导着其所有的教育和人才培养活动。预设学习成果自然要考虑大学的整体目标。每所大学培养的人才整体上都会呈现一定的特色。在我国高校的审核评估中,一项重要的考察点就是各专业的人才培养目标和学校办学理念、定位以及整体人才培养目标之间是否存在联系。这充分说明了学校层次的整体目标对于专业人才培养的指引作用。大学整体目标在制订学习成果时需要将其细化、具体化。比如,假定大学整体目标中有培养"具有辩证性思维的人",在制订专业课程的学习成果时可以将其操作转化为"能够对专业概念进行准确的定义;能够从多种症状中归纳和推理出病因;能够从多种角度看待问题"等细化的学习成果。

3.未来社会的预期。大学是在为社会培养人才,未来社会是什么样的、需要什么样的人才,自然应该体现在我们预设的学习成果中。从通识成果来看,有学者认为,21世纪科技发展的新趋势对大学生核心素养提出了新要求。大学生核心素养的重要因素是:批判性思维是基础,学习能力是关键,知识迁移和建构能力是重点,全球胜任力是价值观体现。不同专业领域也有对未来社会需求的具体描述,如人工智能技术之于计算机领域、新一代基因操作技术之于生物学领域、增材制造之于机械工程领域等。如果不在当前的学习成果中体现未来社会的预期,那么高等教育的核心价值就会达不到预期的效果。

4.各种专业或行业协会的要求。专业、职业与行业协会是某一专业领域的代表性团体。其在该专业领域有着长期的研究和实践经历,因此其对于专业后备力量——学习某一个专业的大学生的能力、素质要求的理解最为深刻。一些专业协会已经在高校的专业认证中起到了重要作用,如国外健康教育协会、国家传播协会、中国的工程教育专业认证协会等。从这些协会正式和非正式的要求出发来考虑制订学习成果既有必要也有可行性。这类协会对于专业和课程层次的学习成果制订尤其有指导意义。

5.学生和教师本身的期望。预设学习成果的来源最容易受忽视的反倒是学生和教师的看法。教师作为一线教育工作者最了解学生的状态和发展需求,也最容易被激发出人才培养的热情。因此,教师理应是预设学习成果的最佳参与者。但是,由于专业和学校层次上的学习成果评价多由外部力量推动,教师参与度极为有限,因此目前教师在设定学习成果中的作用没有被充分发挥出来。

同样,学生并非是完全被动的"知识接收器",如前所述,大学生的学习具有高度自主性。他们对于自身发展的需求、对于当前教育教学和他们所期待状态的距离十分清楚,让他们表达出对于学习成果的期待是十分重要的事。在实践中应经常提前让学生用自己的语言来表达他们期望学习的东西、期望培养的能力。虽然他们的表达可能不甚清晰,期待可能不太现实,但这种方式既能帮助教师有针对性地开展教学,也能更好地开展学习成果评价。

二、学习成果的陈述

一个好的开始意味着成功了一半,将问题定义清楚也意味着问题解决了一半,做好学习成果评价的第一步工作就是把预期的学习成果陈述清楚。陈述好期待的学习成果对于学生来说等同于设定了学习目标,对于教师来说等同于拟定了教和学之间的共同方向,有助于学生和教师之间进行有效沟通。对于大学来说,陈述好期待的学习成果意味着其与社会各方能够就其核心职能——人才培养的质量进行实质性的对话,有助于加强社会问责和质量保障。

(一)格式与表述要求

1.使用动宾短语。自20世纪30年代强调用"学生行为"来表述课程目标开始,对于学习成果、能力以及教育目标的描述都遵循动宾短语的基本格式。比如,"理解中小学生学习科学的方式"(科学教育专业)、"规划护理的全程"(护理学专业)、"开展土木工程试验"(土木工程专业),等等。但在实践中也不可过分拘泥于动宾形式,使用"动词+限定词"亦可,比如通识教育培养的能力可为"能够批判性地思维""能够合理开展推理论证";各专业通用的能力可为"能够终身学习""能够在团队中有效沟通";等等。

2.将学生作为主语。学习成果描述的主语应为学生,而不是教师或其他人,要体现"以学生的学习为中心"。比如,"学生应该具备逻辑思维和创造性思维能力"是一个标准的学习成果陈述。当然,用教师作为主语也是可以的,只不过仍然要突出学生的收获,比如"我们需要培养学生的逻辑思维和创造性思维能力"。

3.限定条件与水平。学生获得某种学习成果是需要条件的。因此,如有可能,就需要在成果表述时标明限定条件。这对于课堂以及课程学习成果尤其适用,并且更适合行为性动词表述的学习成果。比如,"通过4个学时的学习,学生将……""经由测试仪器的辅助,学生将……""在学完本课程后,学生将……"此外,如有可能,最好将学生获得学习成果的表现水平标识出来,如"学生能够绘出手部骨骼的结构和功能,正确率达90%以上",限定条件和水平有助于开展成果评价。但对于那些宽泛的能力或者专业层次以上的学习成果,就不需要限定死条件和水平,因为这些学习成果还需要进一步操作化才能被评价。

4.确保表述清晰。清晰的学习成果描述对于教师、学生、专业负责人以及学习成果的评价者都非常重要。课堂与课程层次的学习成果尤其需要表述清晰,以形成学生应该会做什么的表现性指标,方便师生有效交流、清晰表述的标准如下:

第一,具体性。描述学习成果要尽可能具体,最好每个学习成果只用一个动词。用"理解""知道"等动词陈述一般性教育目标是可以的,但陈述学习成果的表现时则需要特别具体的行为动词,比如"举出三个例子""说出两种类型""选出两个最符合情况的……"目标越具体就越方便在课堂教学中测量。

第二,可测量。描述学习成果时要明示目标需要达到什么标准,比如"学生能够绘出供求与价格的关系图,图形标注准确"(个体层次),"80%以上的学生能够推导出……公式"(班级层次)。

第三,可达成。学习成果应该是经过一定的学习经验后可以实现的,切合实际的,在学生现有学习基础上可能达到的。比如新生研讨班的学习成果之一只可能是"学生能够初步知晓在本专业从事科学研究的基本流程",而不太可能是"能够具备在本专业从事科学研究的系统能力"。

第四,相关性。即所陈述的学习成果与学生学习经验是相关的,不能偏离特定的学习经验。比如A课程的学习成果不能过多涉及B课程的内容领域。相关性要求在大学课程设置不太科学的情况下尤其重要,因为很多课程有内容上的交叉,或者教师在教学上有内容上的交叉。如果大学课程有了较为统一的内容标准,在设置学习成果时相关性自然更强。

第五,对应性。这是特别针对专业层次学习成果而言的。学习成果的描述需要与专业核心课程的内容相对应和匹配,预期学习成果描述应在前,课程设置应在后,需形成映射关系。如果该专业的课程或者教学没有反映和培养期待的核心能力,就需要适时调整。同一专业内如果有若干培养方向,就需要设定不同的能力模块和课程模块与之相匹配。

为方便学习成果的表述,一些报告中设计了容易记忆的注意事项清单,其中比较知名的是学生中心、可测量、行为导向、结果驱动与具体学位对应这五个英文词汇的首字母组合标准。学习成果的预设者可以参照这些标准,提升成果描述的科学性。

(二)动词的选用要求

在动词选用方面,对于课堂、课程等较低评价层次的学习成果要尽可能使用可观测的学生行为;对于专业、学校等较高评价层次的学习成果也可以使用内隐性、不那么容易直接观测的动词。除评价层次不同的影响外,影响动词选用的还有学习成果自身的心理属性,比如低阶的学习成果和高阶的学习成果在动词选用方面就有很大不同。这里重点从分类来谈动词选用。表3-1给出了各个认知维度的意义和常用动词。

表3-1 认知性学习成果的含义及常用动词

类别	意义	常用动词
记忆	从长时间记忆中提取出信息,包括再认知和回忆	行为性动词:写出、口述、列举、选择、概括、背诵、复述、记录、匹配、熟悉 内隐性动词:知道、认识、了解、识别、回忆、记住
理解	从所给的信息中构建意义,它的表现包括能够解释、举例、分类、概括、推导、比较、预测等,实现从一种抽象水平到另一种抽象水平的转换	行为性动词:定义、命名、归类、转述、描述、翻译、列表、估计、举例、预测 内隐性动词:理解、区分、解释、总结、归纳、扩展
应用	在熟悉的或者陌生的情境中执行某一程序或使用某种概念	行为性动词:更改、计算、演示、操作、修正、使用 内隐性动词:应用、解决、证明
分析	把材料分解成多个部分并确定各个部分之间的联系,以促进理解。区分事实和推断;推断意图;找出谬误	行为性动词:剖析、区分、分解、比较、对比、图示、计算、检验 内隐性动词:分析、辨别、阐释、联系、识别
评价	根据证据、标准或规格对观点和材料的价值做出判断	行为性动词:批评、辩护、鉴别、推荐、选择、评分、比较 内隐性动词:评价、支持、总结、决定
创造	多个要素组合起来形成一致的或功能性的整体;形成与众不同的表达方式	行为性动词:创作、提出、设计、表演、撰写、制定、组建、发明 内隐性动词:综合、形成、推导、规划、重构、组织

在具体陈述学习成果时需要注意如下两点:

1.低阶的认知过程一般和特定的知识类型相联系,高阶的认知过程一般不与特定的知识类型相联系。

(1)记忆的一般是事实性知识:它指学生通晓一门学科及专业或解决其中的问题所必须知道的基本要素,是分散的、孤立的学科内容。它包括术语的知识(比如,有机化学中的分子式代表什么;舞蹈的基本动作是什么意思)和具体细节与要素的知识(如信息学研究的知识,即什么、谁、何时、何地、为什么、如何)。

(2)理解的一般是概念性知识:它的抽象程度比事实性知识高一些,是较为复杂的和有组织的知识形式。它包括分类的知识(比如,知道水生生物的种类)、原理与概括的知识(比如,知道某某定律)以及理论模型的知识(比如,知道某一理论模型以及该模型如何解释某种现象)。

(3)应用的一般是程序性知识:它指的是如何做事情的知识,包括具体学科的技能、算法、技术、方法(比如,知道如何使用电子显微镜观察)以及何时运用某种方法(知道在何种条件下采用特定的治疗方法)。当然,前述认知过程和知识类型之间的联系又不是绝对的。学生有时也需要记忆概念性知识或者程序性知识。

更高阶的分析、评价和创造是较为综合的能力,一般不与特定的知识类型相联系。比如,学生不会去分析一个具体的事实性知识,但可能会分析一段材料以找出论点论据及其谬误之处;也可能去分析一个事故的起因和环节。同样,学生会根据需求创造出一项新的发明,这种发明是以实物的形式展现出来的,而实物并不属于任何一种知识类型。

2.行为性动词和内隐性动词都可以描述学习成果,但动词和认知过程并不存在一一对应的关系。行为性动词所描述的学习成果可以直接观察、测量,内隐性动词描述的学习成果更侧重于学生的心理过程。因此,在描述学习成果时使用内隐性动词比较方便;但在具体评价学习成果时需要收集证据和解释结果,此时需要将内隐性动词进行操作化、行为化、外显化,以方便对证据的收集。

动词和认知过程之间并非存在一一对应的关系。在表3-1中,给出的是陈述学习成果的常用动词,但这些常用动词并不一定和学生展示学习成果所调动的实际认知过程准确联系。举例来说,如果一个学生对某个概念进行了"定义",虽然能够准确"定义"属于典型的"理解概念性知识"的外在表现,但也有可能是学生"记忆概念性知识"的外在表现,毕竟学生可以把概念的定义背诵下来。有些动词可以用来表述两种认知性学习成果,这在高阶认知方面表现更为突出。比如,同样是"演示研究的全部过程",既可能涉及对于研究方法的"应用",即学生是在演示如何"应用"某一研究方法;也有可能是在演示如何"创造"新的作品,演示研究中的新发现。

三、不同层次的学习成果

如前所述,学习成果是一个层次体系。描述学习成果首先需要明确是在哪一层次。如图3-1显示,越是靠近院校层次的学习成果就越抽象、概括,也越有整合性,在陈述风格上显得更为宽泛。反之,越靠近课堂层次的学习成就越具体、详尽和分散,在陈述上更为聚焦。学习成果的表述越具体,评价越易操作,评价的效度也越高。学习成果的表述越抽象概括,越能简洁地说明教育对于社会的价值,但评价则变得复杂。

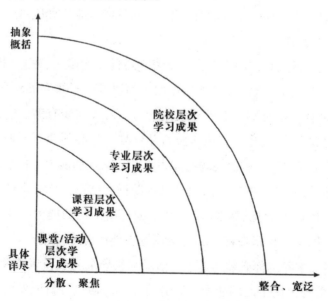

图3-1　学习成果描述的层次特征

(一)院校层次的学习成果

院校层次的学习成果和学校人才培养目标的含义比较接近,但存在差异。它是较为宏大、抽象的人才培养目标在能力、素养上的操作化。比如,一些大学要培养"领袖型人才""学术英才"等,但这些表述是无法直接评价的,需要具体化。由于大学的学科专业众多,专业学习内容差异大,因此院校层次的学习成果往往是通识教育和整合性学习的成果。以国外较早注重学习成果评价被广为引用作为案例的其学院为例,可以看出宽泛的、整合性的能力与素养是学校层次学习成果的典型特征。同样可以发现,学校层次上的学习成果更多反映的是社会对大学毕业生的整体性要求,因此拥有很强的通用能力是几乎所有学校都珍视的学习成果。不可避免地,不同高校之间的预设学习成果会有重合、交叉和雷同。学校需要强调的学习成果一定是其办学定位和特色所在。比如该学院的第八项核心能力——审美能力,就和其女子学院的特色紧密相关。

八种能力是该学院经验的基础,它们让你成功地解决当前和未来的问题。无论是你想成为提供服务的护理人员还是一家有社会责任感的企业的领导人,抑或是致力于减少碳排放的科学家,这八种能力能让你应对这个要求更高且不断变化的世界。

这八种能力包括:①沟通能力。交流沟通通过连接人、观念、书籍、媒体和技术来建构世界的意义。你必须通过面对面以及电子媒介展示和掌握说话、阅读、写作和倾听的能力。②问题解决能力。解决问题有助于定义问题并整合资源以达成决策、提出建议或实施行动计划。你必须独立或者通过团队展示和掌握确定错误以及解决问题的能力。③社交互动能力。社会互动促进团体努力的结果,通过引出他人的观点来帮助得到结论。你必须展示和掌握在团体中以引出他人意见、调节分歧,并帮助得出结论的能力。④有效公民素养。有效公民素养是指在社区和社会议题上能够做出知情选择、制定合作性的参与策略的素养。你必须通过志愿活动和领导来展示和掌握对社会议题的知情意识、参与公民生活的能力。⑤分析能力。通过分析能发展批判性的和独立性的思维。你必须展示和掌握运用经验、知识、论证和信念来形成审慎判断的能力。⑥价值判断能力。通过理解个人决策的维度和承担后果的责任来评估道德问题。你必须展示和掌握认识不同价值体系的能力,包括你自己的价值观;欣赏你决策的道德层面,并对其承担责任。⑦国际和全球视角。发展全球视角需要理解和尊重全球化生活的经济、社会和生物的相互依存性。你必须展示和掌握理解世界各国及其人民的经济、社会和生态联系的能力。⑧审美能力。审美参与将艺术参与的直觉维度与更广泛的社会、文化和理论框架整合在一起。你必须展示和掌握与艺术接触的能力,从艺术表达中汲取意义和形成价值。

从学生调查的角度,也可以看出院校层次的学习成果中有哪些被认为是特别重要和受珍视的。

在如下领域中,你在这所学校的经历在多大程度上对你的知识、技能、个人发展产生了作用?(4个选项分别为非常大、比较大、一点、很小)主要包括:①清晰有效的写作能力;②清晰有效的说话能力;③批判性与分析性思维能力;④数字与统计信息分析能力;⑤获取与工作相关的知识与技能;⑥与他人有效合作的能力;⑦发展和澄清价值和伦理的能力;⑧理解其他背景人群的能力;⑨解决复杂现实问题的能力;⑩成为有见识且积极的公民。

院校层次的学习成果经常是抽象的能力与素养。在评价某项能力时需要对该能力的理论结构有清醒的认识,才能据此设计任务去评价应该评价的方面。非常遗憾的是,有关大学毕业生应具备的各种能力素养的理论结构,目前的研究非常有限。能力越抽象就越接近于基本认知能力,离具体学习经验的距离就越远,将其作为"学习成果"来评价的效度就越低。此外,能力表现出来一定要依赖具体的情境。比如,问题解决能力必须和具体的学科专业相结合才能被评价。所以,评价院校层次的学习成果是非常困难的。尽管有不少标准化测试,也有不少研究人员设计出相关的测量工具,但其评价的效度往往不能理想的效果。

(二)专业层次的学习成果

专业层次的学习成果展示的是学生学完该专业所有课程(一般也是拿到相应的学位)后所获得的学习成果。同样,它也是专业人才培养目标在能力、素养上的操作化。比如,我国大学的专业人才培养目标经常表述为"(具备)系统的知识结构、扎实的专业基础、突出的实践能力……的专门人才",显然这些要求都较为抽象、笼统,无法评价,需要细化。一些高校的专业人才培养方案对人才培养的知识、技能、能力、素养都提出了具体的要求,这些具体要求可以被视为专业层次的期待学习成果。如我国地质学类古生物学专业教学质量国家标准(可为高校的专业人才培养方案制定做参考)规定了人才培养的基本要求。

地质学类古生物学专业教学质量国家标准中的人才培养基本要求(节选):①掌握与古生物学专业相关的地质学、生物学等学科的基础知识、基本理论与实验技能;②系统掌握古生物学专业基础知识和基本理论;③系统掌握化石的采集、处理、观察,化石及其保存信息的获取与表达(照相、描述与统计),以及地层剖面的测制、描述等的基本技能与方法;④初步掌握古生物学的思维和研究方法,具备发现、提出、分析和解决古生物学及相关问题的基本能力;⑤了解古生物学的发展历史、现状和趋势,认识古生物学在社会发展中的重要地位和作用;⑥掌握本专业所需的数学、物理学、化学、地理学等的基本内容及必要的信息技术,能够获取、加工和应用古生物学及相关信息;⑦掌握一门外语,具有国际视野、跨文化交流、竞争与合作能力;具有较强的学习、表达、交流和协调能力及团队合作精神;具有一定的创新意识和批判性思维;初步具备自主学习、自我发展的能力,能够适应科学和经济社会发展;⑧具有健康的体魄;具有健康的心理素质和自我管控与社会适应能力。

由于专业人才培养直接指向未来职业,因此专业学习成果经常以未来职业新入职者的专业素养要求为对照。如国外某大学的教师教育专业学习成果主要围绕如何在基础教育阶段教学的知识、技能和素养,从中可见对于研究生的期待学习成果要高于、复杂于本科生。其他应用性比较强的专业,如工科专业、社会工作专业、会计专业的学习成果均可按照这种方式表述。

该大学教师教育专业学习成果:所有的本校毕业生都被期望能展示如下方面的能力,即批判性思维、交流沟通能力、量化分析能力、专业知识学习与应用能力。除这些全校通用的学习成果外,教师教育专业的本科毕业生要能够:①指导学生制订学习计划,以满足基础教育阶段学生的个体学习和发展需求;②为学生设计安全且具有支持性的学习环境;③在教学中创设真实世界的情境,应用学科内容知识确保学生掌握学科内容;④通过多种沟通方式,将评价、教学计划和教学方法以协同、参与的形式整合起来;⑤通过持续的学习、自我反思和合作,定期检查自身实践,进行有意义的、密集的专业学习和自我更新。

教师教育专业的研究生要能够:①在指导多样化的学生以及领导公立学校时能基于坚实的教育理论和研究与学生口头和书面交流;②根据联邦立法、当前问题以及公共教育利益相关者要求的研究和知识,评估和制订教育计划;③从学术资源的信息库中综合、评估和提炼信息;④从教育领导者的角度评价和阐明对道德、伦理、法律和职业挑战的反应;⑤使用统计有效的过程来分析评估数据,以评估学生学习的地区、州和联邦目标达成度;⑥基于教育研究的变革和创新独立或集体工作。

在专业认证中我们不仅要在专业层次上预设学习成果,还需要对这些学习成果进行细化,尤其是细化能力,因为能力需要结合专业情境。国外某护理学专业协会将学士学位护理人员毕业两年后的护理规划能力细化成六条。显然,对能力的细化有助于专业负责人和教师"回溯性"地反思自身的人才培养和教学工作。

对"规划护理全程"能力的细化:与个人、家庭、社区以及护理团队的其他成员合作规划和安排护理全程来达到治疗目标。

主要规划包括:①对治疗目标做优先级的安排;②识别出与既定目标相一致的治疗干预方式;③在安排护理时使用前沿的知识和技术;④通过口头或书面向护理团队成员以及有关个人、家庭、社区清楚地表达有关护理和治疗的判断,并就护理决定的合理性进行沟通交流;⑤就有关出院以及支持服务做出恰当的判断;⑥设计应对易受伤人群常见问题的举措,以保护他们。

(三)课程层次的学习成果

课程层次的学习成果一般出现在课程大纲中,以"学习目标、课程目标、应达到的能力"等形式表述,描述学生学习该课程后在知识、技能、意识等方面应有的收获。很多时候,课程层次的预设学习成果并没有明示在课程大纲里,而是由教师在课堂上口头表述出来。有的则分散在各课的学习目标中没有统一归整。在授课缺乏规范的课程中,教师甚至没有清晰陈述预期的学习成果,从而导致学习成果评价无标准可依。因此,笔者特别建议,将含有明确课程目标的课程大纲作为师生的"课程契约"分发给每位学生,增强课程目标、教学和评价之间的一致性。

描述课程层次学习成果的第一种方法是笼统地展示出"课程关键能力"或"课程核心素养",即学生学完某门课之后与没有学或没学好这门课的学生之间的区别。比如国外某大学统计系的"数据分析与统计推断"课程目标,只强调了该课程传递的重要学科概念(如相关与因果)并将主要篇幅用于描述学生学了该课程后能够做什么。

该大学统计系"数据分析与统计推断"课程的目的与目标:这门课的总目的是把统计学作为理解和分析数据的科学。课程提供了使用统计数据解决现实世界问题所需的工具,并更好地讲解了科学研究和统计推断的过程。到本课结束时,能够在具体情境中解释统计结果,并对包括统计信息在内的新闻故事和期刊文章进行评论。希望学生能熟悉诸如相关和因果关系、随机抽样和随机分配、统计误差和统计显著性等概念,并理解和欣赏为什么真实数据胜过故事。学校计划通过介绍相关的统计知识来实现这些目标,教学生如何使用开放源代码(免费)的统计软件来进行数据分析,并通过家庭作业、实验、测验和考试实现解决问题、应用、分析和统计信息的综合。

另一种表述课程学习成果的方式是列举。比如,国外某大学"儿童文学"课程将教学目标描述为七个方面。列举式的课程学习成果的优势在于更全面、更具体,并且可以把课程学习成果和课程模块的学习成果联系起来。

该大学儿童文学课程的教学目标:①让学生了解和阅读尽可能多的儿童类书籍;②让学生了解不同类型的儿童文学作品,并学会辩证地评价;③让学生熟悉和运用故事讲述的技巧、创造性的表演、合唱式朗读,学习文学圈以及其他探索儿童文学的策略;④让学生知晓知名的儿童书作家和插画家;⑤让学生理解儿童文学作品是如何与课程结合的;⑥让学生探索可持续发展的原则,并鼓励学生思考这些原则是怎样在儿童文学中整合与体现的;⑦让学生认识到儿童文学的价值,并到当地小学实践,将知识与实践结合,使学生形成有意义的学习经历与体验。

在专业认证的大背景下,课程目标的制订需要与专业认证要求紧密结合,使之成为专业认证要求的细化。比如,国外某大学的生物医药工程专业为使其顶点课程的学习成果符合该国工程与科技认证委员会的要求,将认证要求第三项"在真实的约束条件下(经济、环境、社会、政治、道德、健康与安全、可制造性、可持续性)设计一个系统、部件或者流程来满足需求的能力"细化为如下课程学习成果。

该大学生物医药工程本科专业顶点课程部分目标:①定义客户需求;②定义设计条件的约束;③提供备选解决方案;④定义待解决的问题;⑤比较各种备选解决方案;⑥为最终的设计选择辩护;⑦建造能够满足需求的产品原型;⑧论证原型的效果。

由于顶点课程直接指向专业的综合性学习成果,为了这门课更好地满足实际需要,这里预设的学习成果实际上已经是职业生活中工程设计能力的表现指标。

(四)课堂层次的学习成果

课堂层次的学习成果有时也被称为"教学目标""学习目标",它与授课内容的联系更为紧密。前述动词选用要求主要针对课堂层次的学习成果。课堂教学目标一般以单元(或者模块)目标或者一堂独立的课目标出现。预期学习成果要求比较聚焦,集中于与授课内容相关联的知识与技能。比如,科学写作课程中某一节课的期待学习成果为"学生能够根据专业科学写作的标准撰写实验报告"。这一层次的学习成果一般不会书面明示,而是在课堂教学的开端由教师口头表述。但是,很多教师并没有认识到向学生明示课堂学习目标对于教学的好处,有些教师甚至从不表述预设的学习目标,这种现象是需要改变的。在基础教育阶段,几乎所有的中国老师都熟悉"教案""学习单"的编制,其中第一个要素就是课堂教学目标的确定。而在高等教育中这似乎成为例外。另外一点需要提及的是除少数人文社会科学的课堂外,大学课堂教学对于情感、态度、价值观的重视不足。这形成了一种矛盾,即一方面我们强调大学整体的学习成果不能缺少非认知因素,但分散在课堂中又很少预设情感性的教学目标。

(五)供参考的框架

实践中,一些机构已经开发出学习成果框架供各种层次学习成果的开发者参考。比如,国外某基金会开发出的"学位资格框架",已经被四百多所高校使用。该框架将学生的学习成果分为五个领域：专业知识、宽泛的整合性知识、认知技能、应用性与合作性学习、公民与全球性学习。该框架不分专业，只根据副学士、学士和硕士层次提出前述各个领域学习成果的通用表述。比如，学士学位"认知技能"中的"量化能力"子维度学习成果表述为：将口头问题转化为数学算法，以便使用公认的数学推理符号开展有效的论证；对论文、项目、多媒体中的公开信息开展计算、估计、风险分析或定量评价。在合适的情形中用数学表达那些最初用非量化表述的议题。

四、预设学习成果的争议

描述学习成果已经成为理论和方法指导下的操作性和技术性问题，预设学习成果主要为了服务于教学和评价。"教育目标的分类学可能使教育学成为一门科学。最终的成果将是教育研究和改革中最强有力的工具之一"。似乎通过分类来预设学习成果可以让教育教学更具科学性。但预设学习成果仍然存在一定的争议，需要我们跳出实践重新反思。

（一）教育成为工程的隐忧

将学习成果从专业到课程直至学生具体的行为表现分类、细化，反映了将教学和评价发展成为一种科学而非仅仅是艺术的努力，但这也让成果导向教育陷入行为主义式的"教育工程学"的隐忧。这样做会不会让教学目标碎片化？专业教育这样"一个萝卜一个坑"填起来后，学生就能达到理想的学习成果吗？像解决工程问题一样来解决教育问题合适吗？让教师完全循着预期学习成果来培养学生，会不会因限制教师的教学创造性而引起教师的反对？目前，这些问题并没有清晰的答案。我们知道，目前的学习成果评价在很大程度上是在外部认证和质量保障压力下高校的被动行为，教师参与的积极度非常有限。某国全国学习成果评价研究所在2013年所做的教务长调查显示，越是具有高度生源选择性的高校（主要是研究型大学），对于学习成果评价方法运用和结果使用的频率就越低。这反映了顶尖大学对学习成果评价重视程度较低，抑或是它们对于这种"教育工程学"持反对态度。

（二）学科专业的内在差异

将学习成果预设、分类和逐层细化的做法是否适用于高等教育中所有的专业？我们知道,成果导向教育是学习成果评价的重要理论来源。目前在工程教育领域内专业认证在全世界范围内最为频繁。按照职业的要求来制订工科生的毕业要求,再细化成一项项学习成果,是典型的成果导向教育理念的落实。工程活动本身就是制造和创造出有形的结果。同一专业的工科毕业生的职业活动是非常标准化的。比如,全世界的土木工程师承担的工作任务都是非常类似的,只是在任务情境、难度、条件上有所差异。预设和分解学习成果在这样的学科专业中存在一定的合理性,但并非所有的专业都是如此。人文、艺术和社会科学的相关专业从事的职业能如此标准化吗？人文学科的专业学习是为了让学生会阅读、会思考、会学习,追求人生的意义。像这样的期待学习成果又如何细化呢？再举例说,我国的师范教育也要开始实行"成果导向"的专业认证,而中小学教师的职业活动尚不能像专业工程师那样标准化。因此将教师职前教育的学习成果细化到各个课程,形成某种映射关系是存在困难的。

(三)专业教育本身的问题

成果导向、预设并细化成果的做法在毕业生能从事与专业一致或者相关的工作时是非常恰当的。"专业对口"是本科教育作为专业教育的逻辑起点之一。然而,专业教育本身(尤其是本科阶段)是存在问题的,将本科教育作为功利性极强的"就业演习场"的做法经常受到批判。某国大学的本科教育特别强调通识教育自不必说,其他发达国家的情况也非常类似。比如,国外的大规模企业调查显示对求职学生的专业有所要求的企业不到三分之一(29.5%),近半数企业(49.5%)称文理皆可,企业渴求文理兼通的复合型人才。我国的很多专业教育也面临着同样的挑战。以教师教育为例,目前一些地方中小学招聘的新教师有很大比例已经不是接受过专业教师教育的师范生,而是来自综合性大学的本科生甚至研究生,这显然对专业教师教育产生了很大冲击。成果导向教育的专业认证能起到提升教师教育专业水平吗？目前看并没有特别乐观的答案。

第二节　成果证据的收集

一、直接与间接方式

学习成果证据的表现形式多种多样,有量化的也有定性的,因此其收集方式也不是统一的。总的来说,证据收集有直接和间接两种方式。所谓直接方式是收集学生学习成果的直接证据用于评价;间接方式收集的则是间接的证据,如学生在问卷中的自我报告。

两种方式各有利弊,直接方式的优点在于可以直接回答"学生学得怎么样? 学得好和不好的地方在哪里?"等问题。直接方式得出的评价结论容易被多方理解,可以在不同个体和群体间进行直接比较。直接方式的缺陷在于它不能解释学生学习成果的产生机制。由于学习成果的影响因素众多,直接收集方式只关注了最终学习成果,但无法了解这些影响因素,教育工作者难以根据评价结果设计有针对性的改进措施。正因为如此,国际上一些大规模的学生评价项目如基础教育领域的国际学生评价项目,既通过测评收集直接的学习证据,还通过附带的问卷调查收集间接的学习证据和学习的影响因素。

间接方式的优势在于它可以收集有关学习过程和学习环境方面的信息。更为重要的是,间接方式可以收集学生实际的学习投入和感知的学习成果的信息。有些情感性的学习成果难以被直接观察到,必须是学生感知的,比如态度、价值观、意识等,只能通过间接方式测量。间接方式的缺点在于这些信息测量的不是学习成果本身,因此不能独立作为学习成果的有效证据;其次,间接方式的评价结果在生际、校际和国际的比较中都缺乏信效度。比如下列题项。

从评价实践来看,直接方式与间接方式起到互相补充的作用。如2013年某国的调查显示,院校曾使用过的学习评价方法按照比例降序分别为:全国性的学生调查、评分准则、课堂层次的表现性评价、校友调查、学生入学后的分级考试、院校自主开发的调查、顶点课程、院校自主开发的知识与技能测量、通用知识与技能的测量、雇主调查、档案袋、外部开发的表现性评价等。在这些方式中,只要涉及调查的方式收集的都是间接证据,其他的方式均为直接测度。

直接与间接度量的学习成果之间理论上是存在联系的。比如,学生的学习成绩(直接测量)和学生的自我效能感(间接测量)之间存在较高的相关关系。但两者之间有时候也存在较高的不一致性,比如自认为学得很好的学生实际学习成果表现不佳。在评价学习成果时最佳的选项是两种方法同时使用。这样既可以获得有关学习成果的丰富信息,同时也能根据评价结果做出有针对性的改进。

学习成果证据收集的每种方式的效度和信度各有不同。一般来说,设计和实施质量高的直接度量法效度和信度均较高,而间接测量法的效度一般较低。

二、两种方式的枚举

在课堂和课程层次上直接收集学习成果证据的方式有课堂作业;考试;课程报告或论文;研究项目;表演;课程设计;根据清晰学习目标制定的标准开展的分数或等级评定;对写作、表演、创作制定的各种评分准则;对学习、实践成就的观察等。间接测量学习成果的方式有课程评价中有关学习成果的部分(如学生评教表中对自身学习收获的看法;专家听课后对学生学习成果的评价);学生调查中有关学习成果的信息(比如,自我感知的课程学习收获)等。

在专业和院校层次上直接收集学习成果证据的方式有顶点课程学位论文、毕业设计、职业准入资格考试(如教师资格证、注册会计师资格考试等)、测评机构开发的专门领域测试(如工程学测试、各种外语能力测试、计算机能力测试)或者一般领域测试学术能力与进展测量项目、实习单位的直接评价、学生的科研创新成果、创业成果等。间接测量学习成果的方式有学生调查中有关学习成果的信息、校友调查中有关大学学习收获的信息、用人单位调查中有关毕业生能力的信息、学校公开报告中有关学习成果的信息(比如,就业率、对口就业率、毕业率、研究生录取率等)。

一般来说,间接测量学习成果会存在效度和信度问题,其中效度问题更为明显。但这一问题需要视情况而定,比如毕业生的能力自我评价。国外有研究表明,学生自我评价的能力可以在统计上解释学生毕业10年后职业成功的程度,这在一定程度上提供了间接证据的效度。

第三节 问题情境的创设

一、问题情境的意义

(一)问题情境的定义

问题情境是指评价学习成果时构想的问题所处的情境。例如,在评价学生的量化素养时或许需要若干篇含有统计数据的研究文献资料,让学生解决其中的量化问题。这些研究文献就是问题情境的表现。情境是问题提出和呈现的载体。在真实的职业与社会生活中几乎所有问题都存在一定的情境。即使是专业活动中常规性细节性的技术问题,也必然存在情境。真实问题往往不是孤立的,而是蕴含在熟悉或陌生的情境中。专业人员首先需要从这些情境中剥离并定义出实质问题,然后根据自身的知识、技能来解决它。因此,在教育教学和学习成果评价中同样也应该设置尽可能真实的问题情境。美国欧林工学院创始院长在回忆办学史时曾指出创院时的第一个实验,即让没有足够物理学和微积分储备的18岁学生设计一个"脉搏血氧计",结果学生却办到了,可见工程教育特别强调真实项目和情境。法学、管理学、商学、教育学等应用性非常强的专业突出案例教学,其实也是在强调真实情境的重要性。从评价学的角度看,加德纳曾指出,"为一种目标被试者设计的评价材料并不能直接应用于其他文化情境中的被试者",就个体而言,在一种情境中表现出的某种能力并不一定适用于另一种情境。因此,情境在评价中能够帮助精确定位和测量期待评价的能力。在国际评价中还需要注意问题情境在跨文化环境中的可理解性。

在很多情况下,出于简单方便的考虑,评价者往往不创设任何情境,直截了当地提出问题,这一般出现在课堂提问以及客观性测试中。对于低阶的知识记忆和某些概念理解性的问题,用没有问题情境的选择题、判断题的确可行。但即便如此,这种做法也不值得推荐。因为在真实问题的情境中可供解决问题的人所用的选项并不像考卷上一样是现成的,而是要他们自己根据各种信息和约束去形成的。对于高阶能力的评价,问题情境的创设就更为重要,从某种程度上来说甚至是不可或缺的。

(二)问题情境的重要性

1.问题情境本身具有认知和教育上的重要意义。有关学者在介绍分类中的认知过程维度时,指出认知过程的性质依赖于它所应用于其中的主题与素材。在真实性评价中,某一认知过程的性质依赖于该过程所运用的任务的真实性。可见,情境本身对于学习和教育就是重要的。要想让"目标—教学—评价"这三者具有一致性,就应该在评价中注意设置问题情境。有研究者在分析统计学的课后作业时指出题目中出现的"某企业""某产品"等概念,在脱离真实背景后就变成了一些抽象化的符号。这种表述方式使学生难以把问题看作一个实际中待解决的问题,而仅仅将之看作"要我做"的一道题,难以体会到所学方法的实际用处。

2.有问题情境的评价对于学生有正向引导性。目前我国大学的课程考试经常是单一知识和技能的评价工具,导致了"文科生死记硬背,理科生大量刷题"就能应对课程考试,这对高阶能力与综合素质培养以及教学质量提升都极为不利。如果评价中都带有真实的问题情境,死记硬背和大量刷题就失去了生存之道,可以引导学生注重培养对真实问题的解决能力。从另一方面看,有真实情境的问题总是更能激发学生的学习兴趣和动机。我们知道,人们认识世界总是从具体到抽象再到具体的螺旋上升过程。情境一般是具体的,它让学习成果评价再现了这种认知逻辑。情境模拟了真实世界,将枯燥的抽象化为具体的形象,给了学生带着认知负荷来扮演角色的机会,因此能激发学习兴趣和动机。

3.有问题情境的评价能促进教师的教学反思。教师作为学习成果评价的主要设计者和实施者,如果在设计评价时(包括课堂提问、课程考试)就思考真实的问题情境,那么很自然地就是在培养学生的高阶思维能力,也真正地在践行"以学生为中心,以成果为导向"的教育理念。有过课程考试出题经验的教师都知道,要想在考试中真正考查学生的综合能力,需要教师投入大量的时间和精力去思考题项的设计,而那些带有真实问题情境的题项甚至能让学生记忆终身。

二、问题情境的实例

能够真正让他们思考的中外大学课程考试题。无一例外,这些试题都带有复杂程度不等的问题情境,并且这些问题情境都有较强的创新性。不仅学生感觉这些考题有趣味、有价值、有挑战性,出题的教师也认为带有问题情境的题目能真正评价出想评价的能力与素养。

带有不同问题情境的课程学习成果评价创新案例

案例一:某学院的同学在数字电路实验课上发明了一种新型存储器。它不仅单位容量的价格低于硬盘,而且速度超越寄存器,还不具有挥发性(断电后内容不丢失),价格类同于同质量的馒头,因而包揽了当年度的诺贝尔物理学奖、图灵奖和奖学金。

三、问题情境的分类

在创设问题情境时需要考虑情境的类别,也要考虑所评价学习成果的领域性,同时还要考虑适当的创新性。综合经合组织和国际成人能力评价项目的概念框架以及国际学生评价项目的评价框架,将问题情境分为如下四类:

1.个体情境。个体情境是指问题出现在与个人生活、兴趣、家庭、同伴、休闲娱乐有关的背景中。比如,在讲授线性规划课程时教师提问或出题内容为"你和家人去希腊出游。希腊拥有诸多岛屿,岛屿之间的交通工具有飞机和游船,根据列出的机票价格、船票价格、岛屿间距离、交通耗时、景点价值等信息,计算性价比最高的旅游线路"。这个问题具有典型的个体情境,但考查的仍然是专业能力。个体情境常用的资料有个人通信、文学作品、即时信息、日志、自传等。个体情境是学生非常熟悉的情境,它具有非常高的模拟现实性。

2.社会情境。社会情境是指问题出现在与社会生活有关的背景中,如公共事件、公共论坛、新闻媒体、社会活动、社区乃至全球性事务与议题等。比如,教师在评价学生的批判性阅读能力时将有关转基因食品的5篇严肃媒体文章列出,然后让学生分析这些材料,辩护或反驳媒体中的观点。在含有社会情境的评价中,学生往往需要扮演某种社会角色。经济学、社会学、历史学、伦理学等社会科学专业的学习成果评价中经常使用社会情境。社会情境常用于评价各种高阶思维能力(如分析推理能力)以及综合性学习成果。社会情境还可用于评价学生的道德推理能力,比如可以设置多种道德两难的情形,让学生找出应对之道。

3.专业与职业情境。由于大学教育主要是一种专业教育,因此专业与职业情境是大学生学习成果评价中应用最多的问题情境。评价专业知识、技能乃至素养主要应该放在专业与职业情境中。可以说,使用案例教学的专业、应用性较强的专业都可大量创设专业与职业情境的问题,用于评价学生的学习成果。在含有专业与职业情境的评价中学生往往需要扮演某种职业角色,需要回答诸如"如果你是本案件的律师,你将如何辩护?""如果你是这位问题学生的老师,你将如何劝说?""如果你是市场部经理,你将从材料中得出什么样的结论?"等问题。

4.教育与培训情境。教育与培训情境是指问题情境的创设主要用于教学用途。因此,它是课堂教学中教师提问、作业等形式的学习成果评价经常使用的情境。比如,在大学语文的课程考试中教师让学生阅读一篇古文,然后找出其中关键的句子让学生翻译成现代汉语。因为其知识与技能的指向性很强,带有教育与培训情境的问题往往不太能引起学生的兴趣。

四、情境创设的原则

1.模拟真实原则。模拟真实原则指的是创设的问题情境要尽可能接近真实世界,而不能是"伪情境"。模拟的真实情境能够激发学生的探索欲望,这既体现在教学中同样体现在评价中。模拟的真实情境体现了情境学习原则,即要在知识、技能的应用情境中进行学习的方式。学生要学习的东西将被实际应用在什么情境中,那么学生就应该在什么样的情境中学习这些东西,同时也应该在情境中评价这些成果。模拟真实情境的意义即在于此。

2.相对复杂原则。相对复杂原则是指情境中的问题具有合适程度的复杂性。合适程度的复杂性既表现了情境的真实程度,也表示问题与预设学生已有的知识与技能基础是相匹配的,不至于难度太高或太低导致评价失去区分度。问题情境能够恰当地调动学生的认知图式,使得学生能够展现出他们"知道什么以及能够做什么"。相对复杂还意味着情境本身的复杂。我们知道,现实问题一般结构性不强,其情境往往是问题解决者不那么熟悉的:实质问题是什么? 解决条件、方法和步骤是什么? 面临哪些实际约束和障碍? 这些问题都没有明确的答案。相对复杂原则要求情境创设要考虑这种不确定性——既不能让学生一眼看出答案,提供的线索也要能让合格的学生得到解决方案。

3.典型代表原则。所谓典型代表是指创设的问题情境具有典型性和代表性。它可以反映同类问题在真实世界中的典型特征。学生若在此情境中能够解决问题,那么基本上能预测他在类似的情境中可以解决问题。有典型性问题情境的评价任务具有预测效度高的优势,而没有问题情境的评价任务预测能力较差,测得的学习成果迁移性不足。但是,如同案例教学中典型的、有代表性的案例资源总是不一样,具有典型性的问题情境也是很难找到的。这就需要教师深入理解所评价的能力背后的认知结构和过程。

4.角色扮演原则。角色扮演是指评价任务中学生要以可参与的形式来解决问题。学生在面对评价任务时要有身临其境之感。我们期待学生在面对问题时能像科学家、专家、师傅一样进行思考和实践。设计者需要像编剧一样设计评价任务,使得学生在解决问题的过程中将其知识、技能和素养能展现出来。这一过程需要教师具备一定的想象力和创新思维。

总的来说,创设问题情境是高阶学习成果评价的必备要素。对于教师来说,能够创设合适的问题情境是教学和评价中的重要素质。有研究者认为,创设情境的素质、引导发现的素质、科学评价的素质是高校实施研究型教学教师应具备的素质。对于教师来说,要想创设好质量高的问题情境,一方面需要对专业知识、技能和素养在实际职业中的应用有深入的理解,尤其需要他们有亲身经历和深刻感悟;另一方面,需要教师能够沉下心去研究教学,最好是能组成教学研究的团队来建设典型知识、技能以及素养的培养案例库,以便从中抽取出典型的问题情境。

第四节　成果标准的确定

一、评价标准的重要性

"标准"一词在不同语境下有不同的含义。学习成果评价中的标准是指在评价中用于区分和判断的尺度。强调在评价中运用标准,是为了变主观为客观,增强评价活动的科学性和公平性。没有标准的评价等于对学生学习成果的猜测和臆断。评价标准标识了期待学习成果的达成度。评价标准和构成其基础的评分准则及其范例是一种在学习成果评价中提供透明度的方式,能向学生传达对他们的预期要求。有研究表明,教师在课程教学中仅仅创立评分准则发给学生是不够的,在课堂讨论中使用范例能降低学生对评分规则的理解难度。标准设定又是非常科学的专业活动。在课堂和课程层次,目前课程考试评分(除那些对教研组仍能发挥重要影响的基础课外)主要依赖于教师个人的经验甚至喜好,缺乏对评价标准的科学设定。在专业和院校及以上层次除了一些能力的大规模标准化测试(如大学英语四六级、计算机等级考试)外,其他的学习成果评价都缺乏标准。比如,在专业认证中究竟各个毕业要求指标点的权重应该占多大、课程和毕业要求的达成度应该如何计算,仍没有足够大的说服力。

对于高校教师的教学来说,设置评价标准非常重要。根据相关学者的分析总结,在评价标准的帮助下教师的评分过程变得更简单,并且能给而学生及时、细致、易读的反馈。评分准则也有助于学生使用教师的反馈来改进自身学习。评分准则还能帮助培养学生的批判性思维,比如学生会检视评分准则中各维度的权重。评分准则有助于教师与助教、领导等进行沟通,评分准则也有助于教师提升自身的教学技能,评分准则还有助于更公平的学业竞争。

二、表现指标与表现标准

在制订评价标准时首先要区分的是学习成果、表现指标和表现标准。学习成果粗略地指出了学生在学习完某一课程或者某一专业后应该知道什么,会做什么。但是学习成果难以评价,因为"会做什么"仍然是粗线条的,还不能为评价提供直接证据;"能够批判性地思维"是重要的学习成果,我们需要将其细化,比如"能够在一段材料中区分事实和观点""识别区分相关与不相关信息""识别结论背后所隐含的假设"等,这些都是学习成果的表现指标。因此,也有人将表现指标称为"表现性学习成果""表现性目标"。一项学习成果需要有多个特定情境中的表现指标与之匹配。比如,"能够在一段材料中区分事实和观点"就是"能够批判性地思维"在阅读情境中的一种表现指标,在其他情境中批判性思维的表现指标就需要重新设计。比如,在创业教育的学习成果中

"能够批判性地思维"的表现指标应该包括学生能够"清楚定义自己产品或服务的需求方""清楚描述自己产品和服务相对于竞争对手的独特之处""学生能够指出定价策略的可行性"等。

表现标准是学生在学习成果或其表现指标上关于程度、质量和水平的一种描述。换言之,表现标准回答了"表现如何才是合格,如何才是优秀""怎样好才是足够好"的问题。有了表现标准,我们就可以直接得出评价结论。在这里所提的评价标准主要是指表现标准,更具体来说,就是指评分准则(也有的译作量规)。

三、评分准则的开发

(一)评分准则的类别

根据评价维度的数量,评分准则可以分为分析性和整体性两类。分析性评分准则对学习成果评价的每个维度分别评分,整体性评分准则对所有维度一起给出一个笼统的分数。分析性评分准则的优点在于能够给教师诊断性的信息,给学生形成性的反馈,和教学有更紧密的联系。其缺点在于费时更长,并且不同评分者的评分一致性难以保证。整体性评分准则正好相反,它评分时间短,容易做总结性评价,但不利于形成性评价。

根据表现描述的特点,评分准则可以分为一般性和特定任务型两类。一般性评分准则针对某种能力,但不针对具体的评价任务。特定任务型评分准则针对的是具体的任务或题项。比如,可以对学生的工程分析能力制订一般性评分准则,但对某个具体的工程怎么分析则可以制定特定任务型评分准则。一般性评分准则对于师生交流和教学更有益,比如教师可以根据"问题解决能力"的评分准则和学生就所有涉及问题解决能力的任务或题项进行沟通,甚至可以在评价前沟通。一般性评分准则可以重复使用,但使用时需要练习。特定任务型评分准则可以不经训练直接使用,在评分时花费时间少但它要对每项任务都制订一个评分准则。

(二)评分准则的构成

评分准则一般呈现为评价维度与表现水平描述交叉的二维表格。评价维度是指评价的具体角度和方面。表现水平描述是指对某一维度给出具体评价等级或分数段的含义,比如优秀、良好、及格和不及格,专家级、熟练级和入门级分别指什么。如果评分准则只给了最高等级表现(如优秀、专家级)的具体含义,就称为评分指导准则,其赋予评分者的灵活性更强。表3-2给出了分析性评分准则的常用格式,其中空格处需要填写的是对各种表现水平的描述,每种等级还可附有给出的具体分数。评价维度部分还可以附上各个维度在评分时的权重。

表3-2 分析性评分准则的常用格式

—	优秀	良好	合格	不合格
评价维度1				
评价维度2				
评价维度3				
评价维度……				

从评价维度来看,一般性评分准则的维度设计首先与被评价学习成果的认知理论结构有关。比如,我们要测量外语能力,一般可以分为听、读(信息输入)、说、写(信息输出)四个维度。当被评价的学习成果是能力、素养等抽象性较强的概念时,不同的理论工作者可能会提出不同的结构,其评价维度也会有所不同;评价维度的设计也可能与我们日常如何看待被评价的学习成果有关。比如,评价一般性写作能力可以有观点呈现、材料组织、遣词造句、文本流畅性等维度——这些维度是师生都了解熟悉的有关写作的评价角度。最后,评价维度的设计也与评价任务的形式有关,比如我们想利用概念图来测量学生的创造性思维,那么常见的评价维度有概念关系的准确性、概念层次的正确性、概念举例的适切性、概念思维的发散性等。在实践中,评价维度的设计者需要在熟悉相关认知理论的基础上与评价的利益相关者,特别是与那些受学生学习成果直接影响的主体(如用人单位)广泛沟通。比如,计算机领域内特定技能的评价可能需要考虑产业界认为哪些评价的维度真正有价值。

从表现水平描述看,首先,这一部分必须是描述性的,能够在学生的评价表现(作业、考试、陈述、报告等)中被观察到。比如,针对口头陈述中"陈述技能"维度的三种表现水平可以分别描述为"说话足够清楚、大声,使用了视觉接触,语气生动,肢体语言吸引观众""说话足够清楚、大声,但容易单调或者没有视觉接触,肢体语言有时一致和有效""听不见陈述者的声音或者不清楚,让听众难以理解,没有尝试通过视觉接触和肢体语言来吸引观众",这些表现均可以被观察到。其次,表现水平描述必须是教师和学生都能理解的,需要具体而不抽象。然后,要尽可能满足表现水平的完备性,尽可能将每个评价维度的表现水平描述为一个属性或程度上的连续体。虽然表现水平描述是定性的,但需要尽可能找到学生能够表现的各种水平特征,不能丢失重要的表现水平。再次,要尽可能实现各种表现水平之间的互斥性和区分度。表现水平的描述要尽可能清晰,要能和学生表现的范例匹配。最后,表现水平可以从及格/不及格这种简单二分法到多达五到六级。表现水平的数量一方面和评价的目的有关(简单区分学生抑或是用于精确诊断以改进教学),另一方面也和学生的表现实际可以分成几个层次有关。

(三)评分准则的开发

在大规模的考试评价中评分准则的开发依靠专家团队作战,需要耗费大量的人力、遵循严格的流程。在课程和课堂层次中评分准则的开发是大学教师的任务,这两种评分准则在形式上并无本质区别。在此着重介绍课程和课堂层次的评分准则,其开发一般有自上而下和自下而上两种方式。

自上而下的开发是演绎式的,即开发者根据学习成果的概念框架来设计评价维度。如果课程的预设学习成果是非常明确的,但学生对预设学习成果的维度和表现水平不熟悉,教师最好使用自上而下的开发方式。自上而下式开发的第一步是把学习成果的概念框架摆出来。比如,某门课的预设学习成果是"学生能掌握定量分析能力",教师可以从相关理论文献中找到定量分析能力的多个维度,比如"识别信息中数据含义的能力""数据分析能力""用图表表达信息的能力"等。然后根据各个维度描述出可能的表现水平,形成评分准则初稿,将此稿展示给学生,让他们根据自己的实际课堂表现对初稿提出建议和意见并据此修订。最后,试点使用评分准则并做相应修订,试点使用的对象是那些在此学习成果上表现优秀、中等和较差的学生。

自下而上的开发是归纳式的,即通过学生的作业范例来总结评价维度和表现水平,一般适用于学生比较熟悉的一般性学习成果。所谓自下而上指的是从学生出发,有学生参与的评分准则制定过程。第一步是收集能够表现学习成果的学生作业范例,然后由教师自己或者学生根据他们的理解将这些作业分成低、中、高三种或更多的质量水平;第二步是由教师自己或者学生写出这些表现水平的具体描述;最后一步是将这些描述汇总,形成统一的评分准则。

无论是自上而下还是自下而上的评分准则开发都需要教师对评价任务进行反思。这些反思主要应聚焦于如下问题:"为什么会这样提问? 为什么会这样设计题项?""我设计的任务与课程目标有什么关系?""期望学生在这个任务上的最佳/平均/最差表现应该是什么样的?""完成这个任务,学生需要掌握哪些知识和技能"等。

教师除了反思外还需要根据自上而下或者自下而上的方法列出各个评价维度以及各个维度的可能表现水平,最后将这个评分准则的初稿试点运用并展示给学生看。同时,最好能一并展示给学生各个表现水平的范例。

(四)已有评分准则的运用

在通识教育领域以及院校与专业层次上以"能力、素养"标识的学习成果,其评分准则的设计需要深厚的理论功底。幸运的是,已经有较为成熟的评分准则可供参考使用。国外学院与大学协会致力于推动通识教育。该协会委托的专家开发了16项通识学习成果的评分准则。这些通识学习成果主要分为"智力与实践技能""个人与社会责任"以及"综合与应用性学习"三类,包括调查与分析能力、批判性思维能力、创造性思维能力、书面沟通能力、口头交流能力、阅读能力、量化素养、信息素养、团队合作能力、问题解决能力、公民参与(本地与全球)、跨文化知识与素养、道德推理能力、终身学习的基础与技能、全球学习能力以及整合性学习能力。

第四章 课堂层次学习成果的评价

　　课堂是本科教学的基础和根本。学生来自课堂的收获虽然经常是碎片化的细节，比如熟悉各种专业术语、掌握特别具体的技能算法、产生了某种意识等，但一门课整体的学习成果仍然是建立在每一堂课之上的。如果向毕业几年的学生提问大学教学中有什么印象最为深刻，最有可能的答案或许就是最难忘教授在课堂上说的一句话、做的一件事，或者是学生自身在课堂上的经历以及感悟。对于教师来说，也同样如此，让教师最为感动和记忆深刻的事或许是学生在课堂上被点亮的求知若渴的眼神。因此，课堂层次的学习成果如同构成整合性学习成果大厦的"砖头"，虽微小但又重要。

　　与课堂层次一样，课程层次学习成果的评价向来是由教师主导的。然而，课程学习成果的评价对于学生来说又是有极高利害关系的、极端重要的，因为学生最终的平均学分绩点是根据课程学习成果计算的。课程学习成果对于内部质量改进具有重要意义，因为教师可以根据提问、作业、考试的情况对教学做出及时调整。课程学习成果对于外部评估和问责也有价值，因为当前评估中毕业要求达成度的数据均来自课程考试结果。学习成果从来不是独立存在的东西，而是与能力或者基于课程学习的收获紧密结合的。

　　学习成果评价的重要一环是预设学习成果，没有这个预设，学习成果评价就失去了目标。然而，在课程层次上预设学习成果已经成为没有实质规则和标准可依的行为。换言之，教师在制定教学大纲时只有形式上的约束（如需要有课程目标、重难点、时间安排等），但在课程应该"传授哪些核心内容，培养哪些核心能力"等问题上，全凭其自身把握。

第一节　课堂学习成果评价的特征与价值

一、课堂学习成果评价的特征

1.嵌入教学的评价。课堂学习成果评价是教学过程的一个必要组成部分，是嵌入教学的评价。这是课堂评价相对于其他层次学习成果评价的本质特征。课程层次学习成果评价可以是"教考分离"的，比如大学英语课程的学习成果评价可以通过大学英语四六级考试形式开展。更高层次的学习成果评价与教学离得更远。但在课堂教学中教师不断通过提问、课堂作业、学生展示等评价方式来适时地了解教与学的效果，并不断利用评价的结果改变教学的进程和方式。课堂评价无缝地嵌入教学过程，成为教学的必要组成部分。嵌入教学的评价还意味着对于评价结果的即刻使用。它不会像其他层次的学习成果评价结果一样经常被束之高阁。

2.形成性为主的评价。课堂学习成果评价的主要作用是诊断和改进。这是课堂评价相对于其他层次学习成果评价的重要特色。其他层次的学习成果评价虽然有时也被设计者声称"用于改进"，但由于缺乏教师的参与和支持而经常让"改进"流于口号。《高等教育中的测量、评价与评估手册》一书在介绍课堂学习成果评价时展示了如图4-1所示的评价循环。从图中可见，课堂评价的过程本身就是一个用于改进的过程，以学生的学习为中心，并在理论上形成一个闭环。以形成性为主，意味着评价的目的不在于鉴定，因此是受学生欢迎的评价。此外，课堂评价能够让学生形成自己对学习负责的意识，更积极地参与课堂学习。

3.教师主导的评价。课堂层次学习成果评价是由授课教师主导的，而不是由教学管理部门或者校外第三方主导的。由教师自己设计并实施的评价是改进教与学最有效的评价。课堂评价活动反映了大学教师的学术自由、教学自由和专业自主性。教师有权决定评价什么、如何评价甚至由谁来评价。当然，在理想状态下，评价的内容应该紧密围绕着预设的课堂学习成果。教师必须首先明确学习目标并得到有关目标达成的具体全面的信息。但由于课堂评价不那么正式,评价的内容也可以是教师关注的其他方面。比如,教师在评价学生专业知识的同时也可以评价学生表现出的专业态度与情感。可以完全由教师自己独立评价,也可以让学生以互评和自评的方式开展评价。

图4-1 课堂评价的循环

4.专业要求不高的评价。课堂学习成果评价由教师主导,具有非正式性。它不要求教师像专业评价人员一样熟悉教育测量方法、心理计量模型和社会科学研究方法。教师在评价中不需要特别考虑信度和效度,也不需要运用大规模评价中常用的抽样方法和统计方法,更不需要知道经典测量理论和项目反应理论,教师所做的就是观察、提问、记录、批改作业而已。这些活动主要依靠教师个人的经验和学习。某学者曾将"课堂评价不需要专门的训练,所有学科的老师都可以运用"列为课堂评价的七个基本前提之一。当然,如果教师能接受专业的评价学训练,课堂学习成果评价就会有更好的效果。

5.形式灵活多样的评价。与其他层次的学习成果评价主要依赖考试相比,课堂层次的学习成果评价形式灵活多样。课堂作业是课堂评价的主要形式,包括课堂上完成的和课后完成的作业。其他形式包括小测验、小论文、调研报告、口头展示、即兴表演等,对于特别具体的课堂学习成果还有概念图或思维导图(评价概念理解)、辩论(评价逻辑思维和口头表达能力)等评价形式。可以说,课堂学习成果的评价形式只受教师的想象力和他们对教学的琢磨程度限制。可以预测,在"互联网+"和教育技术大行其道的时代,课堂学习成果评价的形式会越来越丰富。

6.依情境而变的评价。一方面,课堂层次的学习成果与所授学科内容知识和技能紧密相关,因此其评价一般都带有具体的学科专业情境。同样是讲授大学物理课程,教师在面对理科生和工科生时采用的课堂评价方法或许会有所不同。另一方面,课堂层次的学习成果与班级的学生群体特征有很大关系,因此其评价还带有班级差异。同样是为师范生讲授教育学课程,教师在面对体育专业和地理专业的学生时采用的课堂评价方法或许需要根据情况做适当的调整。相关学者在介绍教师课堂提问时举了这样一个例子,心理学课中如果想激发学生的批判性思维,提问可以是"比较弗洛伊德和克里克有关梦境的理论";如果想激发创造性思维,任务可以是"设计一个实验来验证某个关于梦境的理论";如果想激发实践性思维,提问可以是"弗洛伊德有关梦境的理论对你个人生活有什么影响"。可见,教师能否依情境调整评价方法在实际上反映了教师的教学应变能力。

7.高频度的持续评价。没有哪一层次的学习成果评价像课堂评价一样如此频繁。某种程度上课堂层次的学习成果评价是师生围绕教学内容的典型交流方式。既然是一种交流,评价自然会成为持续不断的课堂活动。在课堂评价中教师需要及时地将评价的信息反馈给学生,让学生知道在学习中出现的问题和误区,也让学生体验小的成功乐趣。同时,教师也需要从学生的学习成果中了解自身教的问题并及时调整教学方案。毕竟,教师的教授与学生学习的质量有直接关系,改进教能够促进学。学生需要从教师那里收到合适的具体的反馈,也需要知道如何评价自身的学习。有的时候,教师需要主动邀请学生参与评价自身或同学的学习成果。

二、课堂学习成果评价的价值

1.有助于促进"学生中心"理念的实现。学生中心是高等教育领域的重大教学理念变革。学生中心的教学改革有三个核心观点:以学生发展为中心、以学生学习为中心和以学习效果为中心,故称为"新三中心"。以学习效果为中心即要重视反馈在学习中的作用,建立有效的及时反馈机制可使效果评价有效帮助学生调整学习、帮助教师调整教学、帮助学校调整工作。可见,课堂学习成果评价的前述特征非常符合"学生中心"的教学理念。当教师教学的主要目的是帮助学生实现一系列预定的学习目标时,课堂评价就成为教学过程中的必要组成部分。让教师和学生自身加强课堂学习成果的评价有助于教师脱离"教材、教师和教室"的"老三中心",从学生学习的角度反思自身的教学行为以及学习环境创设;同时也有助于学生关注自身学习目标的达成,做自身学习的负责者。

2.有助于促进"为学习的评价"理念的实现。在教育评价领域始终存在两种评价范式,一种是"对学习的评价",另一种被称为"为学习的评价"。"为学习的评价"是指"任何在其设计和实施中第一优先事项是服务于促进学生学习的评价"。"为学习的评价"区别于"对学习的评价",因为后者主要服务于排名、问责或颁发证书。如果评价得来的证据被用来调整教学以满足学生的学习需求,那么"为学习的评价"就成为形成性的评价。有关"为学习的评价"促进学生学习成绩的实证研究数量众多。应该说,只有课堂层次的学习成果评价最具有"为学习的评价"的性质。课堂层次的学习成果评价大多是教师的主动行为——没有谁强迫教师必须这样做或那样做。因此,教师开展评价的动机主要是为了诊断学生的学习需求和困难、监控学习过程、改进学生的学习,而其他层次的评价都或多或少地缺失这种动机。

3.与课程学习成果评价互补使得学习成果评价更为全面。课程学习成果经常表现为课程核心素养或者说关键能力,通过课程考试可以展现这种学习成果,但仅凭课程考试评价学生的学习成果是不够的。从理论角度看,课堂评价可以更多地揭示学生对于具体知识技能的掌握情况,而课程考试则可以评价课程整合性的学习成果。两者之间是分与合、具体与抽象的关系,存在互补性。从实践角度看,现实中存在各种学生评价制度,比如,要求考试成绩和平时成绩各占一部分比例。但很多教师因为缺少课堂评价对,学生的课堂学习成果缺乏了解,甚至只能根据期末考试成绩或残存的印象来给出平时成绩,使得课堂评价综合结果的平时成绩失去了评价效度。因此,课堂学习成果评价可以成为课程学习成果评价的互补品。

次的专业人才培养标准。美国德克萨斯州的核心课程标准属于地方层次的通识教育课程标准,它规定了德克萨斯州所有高校本科生必须学习的核心课程模块以及各个模块的教学目标,在学校层次建立的专业标准和课程标准比较常见。这些标准经常以"专业人才培养方案""教学大纲"等形式存在,但这些"标准"的制订往往缺乏严格的程序,经常不能准确切合质量标准的内涵,也不具有较高的统摄性。比如,"教学大纲"对于教学的重难点、时间分配上有规定,它突出了教师"教"的方面但忽视了学生"学"的方面,因此并非严格意义的课程标准。

影响教学质量标准建设主体层次的因素有很多:第一,职业活动的结构化程度与人才培养的标准化程度。职业活动的结构化程度越强,专业人力资源的跨国流动需求就会越高,对于该职业未来从业者的要求就越容易标准化,国际层次的建设主体就越可能出现。第二,教育管理体制及其历史传统。教育分权程度越高就越不可能在国家层次上建设质量标准。教育集权程度越高,在国家层次上建立质量标准就越可能出现。有高等教育集权历史传统的国家更有可能在国家层面建立质量标准。第三,高等教育对劳动力市场的适应程度。适应程度存在一定问题的国家对建立层次较高的质量标准需求更加迫切。当然,这些因素的影响是混合的,标准建设的主体层次本身并无优劣之分。

教学质量标准建立在哪个对象层次,涉及哪些维度和类别,主要受对象之间的实际关系以及高等教育管理传统的影响。由于学科领域层次上的质量标准实例较少且其建立主要由外部力量主导推动,在此不做深入讨论,下面着重讨论专业与课程标准之间的关系。

二、专业标准与课程标准

谈到专业标准和课程标准,首先,要明确专业与课程之间的关系。然而,即使是专业和课程的概念本身,也是十分复杂的。在我国,高等教育中专业是高校根据社会职业分工和学科知识分类开展人才培养的专门领域、基本单位和组织形式。高校根据学科知识分类和学生发展需要为培养人才设置的各种有联系的教学科目。专业和课程的共同功能都是人才培养。它们之间存在课程依附于专业的"专业规定课程"模式以及课程作为专业细胞的"课程组合专

业"模式。从应然的角度来说，"课程组合专业"模式更能反映专业的本质——专业是课程的一种组织形式，课程理应居于教育事业的核心，是教育事业的"心脏"。专业作为教学管理对象和质量评价对象也要比丰富多彩的课程更加方便。因此，尽管有诸多学者认为"课程比专业更重要，课程是本，专业是末"等，但在实践中，课程服务于专业，专业的地位要高于课程。专业建设往往比课程建设更受重视，对专业的评估要比对课程的评估更多，对专业的研究也比对课程的研究更多。

如前所述，专业标准和课程标准是对象层次存在差异的教学质量标准。专业标准是高等教育界所独有的，由于在实践中属于新生事物，目前学界对专业标准的内涵和结构并没有清晰的界定。从实践中看，专业类教学质量国家标准制订过程中有关部门提供的标准参考框架涉及培养目标、培养规格、师资队伍、教学条件、质量保障体系、知识体系与核心课程体系七个部分。从参考框架中可以看出，专业标准是从本科人才培养的各个方面提出要求的规范性文件。课程标准并非高等教育界独有，它是对学生接受某一具体课程的教学之后所能达到各种目标（或者说学习成果）的具体描述。从结构来看，它一般包括课程的性质、目标、内容、实施与评价等方面的内容。课程标准的概念主要来自21世纪初我国基础教育课程改革中出台的一系列学科的国家课程标准。这些课程标准替代了原有的教学大纲，"具有法定的性质，是国家管理和评价基础教育课程的基础，是教材编写、教学、评估和考试命题的依据"。在高等教育中课程标准主要应用于高职院校，相关部门于2006年明确要求高职院校要"建立突出职业能力培养的课程标准，规范课程教学的基本要求"。但高职教育的课程标准主要在院校层次建设，未上升到国家标准的层次。在普通高等教育中少数地方院校也在尝试建立具有学校特色的课程标准，比如某师范学院正在建设符合应用型高校特征的课程标准。同样，本科教育的课程标准也很少上升到国家层次。

从专业标准和课程标准的关系来看，在"专业规定课程"的模式下专业标准中的培养目标应该能够统领该专业各门课程标准中的课程目标，或者说，课程目标服务于人才培养目标。专业标准中的课程体系带有课程标准总纲性质，它可以明确专业应该设置哪些课程以及这些课程之间的关系及权重，课程

标准则是专业标准在课程领域中的深化、细化和具体化。在"课程组合专业"的模式下课程标准应该具有相对独立性,专业标准中的课程模块至多从课程标准中抽取合适的部分以匹配专业的特殊需要。比如,假定存在大学物理(非物理学专业)的课程标准,不同专业就会选择标准中的合适内容去构建其专业标准中的课程。工科专业可能要强调实验、简单物理思维以及工程应用,而非系统的理论工具和公式推演。

三、教学质量国家标准应从专业深化到课程

当前,我国在专业国标建设方面的工作已经初具成果,但下列因素导致专业国标存在内生性不足的问题,需要进一步深化到课程层次。

(一)课程国标比专业国标更聚焦质量核心

从前述专业与课程之间关系的论述中可以发现,"课程"要比"专业"更适合作为教学质量的前位限定词。换言之,专业和教学之间存在语义层次差异。"专业教学质量标准"是以"教学"来替代"人才培养",这种提法可能会窄化或者模糊质量标准的内涵,因此其科学性有待商榷。比如,毕业论文(设计)是人才培养的重要环节,教学质量标准必然要涉及,但落脚于每门课程的"教学质量"一词则难以关照具有整合性学习成果特征的毕业论文(设计)。已经出台的专业国标内容主要包括专业概述、适用专业范围、培养目标、培养规格、课程体系、师资队伍、教学条件、质量管理等方面,这并非单一的"教学质量标准",而是复杂的"人才培养质量标准体系",或者说是专业规范。专业国标研制工作中也形成了"标准定位是本专业人才培养质量的基本要求"的共识。正是因为专业和教学质量之间的语义差异,专业国标可以在办学硬件以及师资软件条件上设置硬性的底线基准(即专业准入标准),但在如何评价专业人才培养质量上却难以设立底线标准(即专业评价标准),因为这涉及课程体系实施效果的评价问题。因此,要提及"教学质量标准",课程教学质量标准要比笼统的人才培养质量标准更合理。简言之,从专业国标深化到课程国标具有学理性。

(二)课程比专业更需要国家标准规范

一方面,专业国标对人才培养规范难度较大,需求度相对较低。标准是对活动或结果设置的共同和重复使用的规则。一般而言,如果一项工作需要国家

标准来规范,那么这项工作的要素或者成果必然有较高的一致性。本科专业人才培养工作的要素在不同学校的确具有相似性,比如其都需要有培养目标、毕业要求、课程体系等;专业国标可以在这些要素上有相对统一的规定。但专业人才培养工作要素繁多且更强调特色、竞争力、职业逻辑以及需求适应度,因此以严格的标准形式对专业人才培养进行规范的难度较大。以培养目标为例,同一专业在不同院校培养目标会有较大差异。同样是工科专业,有的高校侧重于培养工程师,有的高校侧重于培养创业型工程人才。再以课程体系为例,由于不同院校的生源、条件、师资、传统差异较大,同一专业在不同院校的课程设置差异较大,尤其是那些反映办学特色的专业方向课,并且,反映在人才培养方案中的课程设置需要经常性修订,课程体系的统一难以形成共识。总之,从国家层面对专业要素设置标准难度较大且院校的需求程度较低。

另一方面,课程比专业更需要国家标准来规范。从教学角度看,某一专业毕业生跨越校际的最大共同性在于其所学专业核心课程的高度一致并且都达到了这些课程的基本要求。就专业基础课和专业核心课程而言,早在1956年就已有有识之士提到"同一门专业的同一门课程,虽然在不同学校内由不同教师讲授,它的基本内容却应当一致;应有统一的教学大纲,作为讲课的准绳"。而这种应该具有的一致性在当前却被忽视。同一专业的同一课程名称在不同院校内容可能完全不同,这全由任课教师自由掌握,缺乏课程教学应有的严肃性。课程如同专业有机体的细胞,若细胞的质量有保证,有机体的质量必然会有保证。如果有国家标准对具体课程进行规范,微观的课堂教学就会有据可依,这对于保证课程教学质量大有裨益。从管理和评价角度看,当前专业国标只是对课程体系设计有了规定但并没有对核心课程在目标、内容、实施和评价方面做出明确、具体的规定。在我国高校中实施了多年的"专业教学计划"以及"专业人才培养方案"的主体同样是课程体系设计。众所周知,课程体系设计是可以复制的,但课程实施主要依赖教师。由于缺乏课程标准,高校对于教师课程教学的管理和评价始终只能停留在表面,比如在教学时间、上课纪律等方面有刚性约束,但对于课程内容是否真正满足人才培养需要、学生应投入多少时间学习、课程效果如何这类关键性、实质性问题则显得束手无策。总之,专业国标更多的是具有自上而下的管理效应,很难得到教师的关注;而课程国

标发挥功能的逻辑更能体现自下而上(微观教学有依据)和自上而下(宏观管理有标准)的结合,必然会引起教师的重视。

除上述原因外,本科培养"专才模式"一直受到质疑和批判,这也在一定程度上影响在专业层次上建设国家标准的合理性。此外,在当前格外重视本科教学的大背景下,课程国标的建立对于教师发展教学学术、提升课程开发能力、科学实施课程教学和开展课程评价也具有重要的指导意义。最后,基础教育阶段的课程标准建设经验可以为高等教育的课程国标提供宝贵的参考,使高校课程国标建设有章可循。总之,教学质量国家标准需要从专业深化到课程层次。

四、对设立课程国标的疑问与思考

当然,对于设立课程国标仍然存在一些疑问。其中有些疑问涉及课程国标自身,有些疑问则与课程国标的具体设计有关。

(一)课程国标是否违背高校课程的特殊性

与基础教育不同,高等教育课程具有与不断变化的高深知识的关联性、与经济社会直接关联的职业性等特殊之处。建设相对统一的课程国标是否与之相违背?研究认为,设计科学的课程国标不仅不会违背,还会合理反映这些特殊性。

一方面,高深知识的确在与时俱进,高校课程也具有开放性和灵活性,但本科教学所传授的是"专门化、逻辑化、系统化的高深知识"[1],具有基础性和相对稳定性。课程国标可以通过基础模块来反映基础性和稳定性,同时可以通过前沿模块来反映知识的最新变化。我国国家标准化管理委员会将国家标准分为强制性和推荐性标准。课程国标中的基础模块和前沿模块可以分别与之相对应。

另一方面,课程的职业性的确与学术性存在一定的冲突。有研究发现,教师认为"对毕业生重要的课程"与继续深造的毕业生在认识上是正相关的,但与直接就业的毕业生则有较大差异。但课程国标可以淡化和消解这种矛盾,过于强调学术性或者职业性均可能导致教师课程编制过程中的拿来主义(仅

①李枭鹰. 高校课程是专门化、逻辑化、系统化的高深知识[J]. 高等教育研究,2015(12):25-27.

照搬已有的教学大纲和教材)与经验主义(仅根据自己对职业的理解)。课程国标中的知识要求和能力要求可以将学科性和职业性很好地结合在一起。总之,课程国标能为我国高校课程编制从"经验演进"向"科学设计"转变提供框架条件,科学设计的课程国标能够很好地反映高校课程固有的特殊性。

(二)课程国标是否会损害教与学的自由

因为课程国标具有高度的统一性和规范性,它是否会损害教师教学的自由以及学生学习的自由。比如,对于特定课程教师在选择教学内容时是否会受到限制。

从表面上看,课程国标的确会对教学自由有影响。但如果全面理解教学的自由时就会发现教学自由与教学控制具有内在的关联性,学习自由与学习制度之间需要保持必要的张力。特定课程的国家标准对于任课教师来说具有指导性,它能引导教师在课程教学中紧跟人才培养目标和课程目标,而不是"天马行空"式的随意教学。课程国标对于教学实施中的方法、资源等要素只会提出建议,具有推荐性而不是强制性。因此,课程国标不会对教学自由产生负面影响。对于学生来说,课程国标通过规范和标准来保障教师履行教学责任,是保护学生"学到真本领"的纲领性文件。课程国标可以作为课程的"使用说明书",供学生了解该课程的意义、价值、学习方法甚至重难点,这丝毫不会有损学习自由。从教育学的角度来说,设立课程国标的本意在于增加课程教学的科学性。但需要注意的是当前课程教学管理可能存在过于行政化的隐忧,需要特别防止对课程国标的简单化解读以及使用。

(三)何种类别的课程适合建设国家标准

在专业已经存在国家标准的前提下建设课程标准必然存在选择问题。当前,各校专业人才培养方案中的课程体系概念繁多,比如公共课、通识课、学科大类基础课、专业基础课、专业课、专业主干课、专业核心课、专业方向课等,这其中又有必修课与选修课、理论课与实践课等划分维度。这些术语之间有的存在交叉或者包含关系,有的存在粗细之分,选择哪一类课程建设国家标准便成为不可回避的问题。考虑到国家标准的统摄性、保底性以及由教育部本科专业教学指导委员会作为课程国标设立者的较大可能性,适合建立专业课程国标的有必修的专业(类)基础课以及专业核心课(或者说专业主干课)。

专业(类)基础课指的是同类专业必修的共同学科基础课以及与本专业有直接关系的专业基础课,比如经济学类各专业的宏微观经济学课程、机械设计与制造及其自动化专业的机械原理课程等。专业核心课指的是具有特定专业特色,以该专业以及相对应的职业中最核心的知识和技能为内容的课程,比如,财务会计学课之于会计专业、数据结构与算法课之于计算机科学与技术专业等。这两类课程的设置在不同高校的同一专业中具有较高的共同性,学科专家对这两类课程的共识度较高,因此符合在高层次建设课程标准的条件。对于通识教育课,除了有高度统一性的思想政治课、大学体育课等课程外,其他课在各个学校的要求有很大差异且课程设置也极具院校特色,不太适合建设课程国标。同样,专业方向课以及其他各种选修课也不适合建设课程国标。

(四)具体课程如何建设国家标准

课程标准可以分为标准总纲和具体课程标准两个部分。总纲部分主要指专业的课程体系设计,这已经体现在专业国标中了。对于具体课程的国标又该如何建设呢?

首先,要明确课程国标的基本要素,即课程性质、课程目标、课程内容、课程实施以及课程评价。其中,课程性质主要阐述课程本质特征、基本理念和设计思路。课程目标可以从知识、能力、态度等多个方面阐述。课程内容可根据学校类型和学生发展方向的不同分为学术导向模块与职业导向模块,可根据职业发展的特点分为基础模块和前沿模块,也可根据专业的特色分为不同领域,为教师的课程实施提供方向指引。课程实施可从教学建议、教材选择和编写建议、资源开发和利用建议三个方面进行说明。课程评价需要说明适合该课程的评价方法以及评价工具建议。

其次,课程国标要反映以学生的学习为中心的理念。课程目标的表述要以学生为主语,以具体、清晰、可评价的语言描述学生在学习本门课程后应该达到的知识、能力以及情感发展要求;课程实施中要求利用多种方法促进学生主动学习,而非仅仅被动接受;引导教师在课程教学中真正以学生发展、学生学习和学习效果为中心。

再次,专业课程国标建设需要体现层次性。有研究发现,两所不同层次高校的英语专业大二学生对一篇限时命题作文的得分在各个方面的差距明显。

因此,对于生源情况不同的高校(学校层次自然不同)需要提出有层次差异的目标要求。笼统的课程目标不符合也不匹配事实上存在的生源和学科建设水平校际差异,有层次的课程国标则有助于课程评价的合理性和科学性。

最后,课程国标的建设要综合考虑学科专家和用人单位的意见,做到学术性和职业性有机结合。

第三节　课程学习成果评价的基础核心

课程学习成果评价最重要的特征是其终结性。大学中一门课结束后教师才会给出学习成果评价的最终结论。这种评价是一次性的,主要功能是对学生的课程学业进行鉴定。如果说课堂学习成果呈现出碎片化的特征,其评价要注重具体的知识和技能,那么课程学习成果的抽象性和整合性更强,其评价要注重更为抽象的能力和素养。由于缺乏课程标准的规范,大学教师在教学和评价中都会遇到"应该教什么内容""应该考什么内容"的问题,这是课程学习成果评价中首先要考虑的问题,而应对这一问题的方法就是让大学教师理解所授课程指向的核心素养。从理论上来说,课程学习成果应该是一门课期待培养的核心素养。课程核心素养是课程学习成果评价中最应该被评价的东西,是评价的基础和指向。

一、知识选择已经成为重要问题

大学本科教育涉及的知识具有一定程度的高深性和宽泛度。在一门课程中选择什么内容教学,主要由教师自主决定。一般来说,教师选择什么内容教学,就会用这种内容开展课程学习成果评价。在为数不多的有关课程知识选择的研究中,进入21世纪以来,大学课程的知识选择表现出由"教育知识"向"教育资源"转变、由"教育者选择"向"学习者选择"转变以及从"优胜劣汰"的精英价值取向朝"机会均等"的个性发展价值取向发展转变,知识选择问题进一步凸显。可见,教师在选择知识开展教学时需要考虑的因素在增长,难度在加大。某教授曾指出:知识选择在很大程度上取决于教师对课程和学生的责任感,即教师的价值取向,这是从专业伦理角度的回答。教师在选择知识时一定会有所取舍。取舍的标准是什么? 这最终还是一个教育学的问题。研究认为,知识选择的标准应该是课程核心素养的要求。

二、课程核心素养是什么

课程是用来培养人的,所谓课程核心素养是指学好了某门课的学生和没学好或者没学过该门课的学生在知识、能力和表现上的本质差异,是某门课区别于其他课的核心特征。课程核心素养重视的是课程中的核心知识以及课程思维,即学生通过该门课程培养的思考和解决问题的方法。其中课程核心知识是"鱼",课程思维是"渔"。从课程角度看,大学的课程是根据学科知识以及专业需求确定的,具有专业性与领域性强和数量多的特点。每门课程如果没有区别于所在专业设置的其他课程的独一无二性,其开设的必要性就会大打折扣。在现实中,很多课程(尤其是人文社科类专业)在具体实施中与其他课程经常有交叉重合,或者是课程设置中本身就有重复现象,让学生不胜其烦。这类现象背后的重要原因是院系在课程体系设计时没有考虑每门课程应指向的核心素养。从教学角度看,教师如果能够清楚地表述其所授课程指向的核心素养,那么其教学自然会在专业术语、细节和要素堆积的藩篱中保留一定的超脱性。从评价角度看,如果教师能够清楚表述出学生学好其所授课程后应该与其他同学有什么不同,那么这位老师一定会在课程考试中测量这种不同。可以说,课程核心素养决定着课程、教学和评价三者以及三者之间的关联。

三、课程核心素养的确定

具体课程核心素养的确定需要考虑课程的学科基础以及课程的类别两个因素。课程的学科基础对于课程核心素养的影响主要在于该学科认识世界的视角、方法或者说该学科的独特价值。课程的学科基础差异大且复杂,在此不作详述。教师可以从对"该学科是如何认识世界的?"这个问题的回答出发来确定课程核心素养。比如,各种通识教育课程的核心素养提炼均可以通过这种方法得出。从课程的类别看,专业基础理论课的课程核心素养应该是"理解该课程的核心概念、原理和理论并用来解释现象"(教师可以列出这些核心概念、原理和理论)。专业方法实践课的课程核心素养应该是"运用该课程的基本方法或者技能解决实际问题或开展创造"(教师同样可以列举这些基本方法),课程核心素养需要在课程大纲中以课程简介或者教学目标的形式展现。

四、用课程核心素养指导课程学习成果评价

课程学习成果评价的主要内容应该是课程指向的核心素养。首先,教师可以在课程学习成果评价的内容上做适当取舍。比如,在评价事实性知识时只选择课程中最重要最核心的专业术语来命题;在评价过程性知识时只选择课程中最重要的技能来命题。其次,教师可以在课堂层次和课程层次的学习成果评价中做适当分工。比如,主要在课堂上评价细节和要素的知识、学科中的基本技能和算法,但在课程结束时评价那些相对高阶的认知能力。最后,教师可以在课程考试中更多地考虑学生的综合应用能力和高阶思维能力,避免课程考试成为记忆细节和要素性知识的堆积。如果教学主管部门有选择题等题型占一定分值的要求,教师也可以用这些选择反应类试题来评价高阶思维能力。

第四节　从规准和创新两方面谈大学生学习成果评价

从学术定义上来讲,大学生学习成果评价是由高校或专业教育评价机构中的人员,通过一定的方法、工具、程序和标准设计和实施的,对大学生经由一定时间的学习经验所能达到的认知与非认知状态所开展的证据收集、结果解释和价值判断的活动。在高等教育教学中应该根据社会需求、职业要求、学习理论和发展理论来确定学生应该达成的预期学习成果,并据此指导学与教。学习成果评价可以展现学生实际学习成果与预期学习成果的差距,并用于高校内部的反馈和改进,以及高校外部的鉴定和问责。

学习成果评价是一种司空见惯的高等教育评价实践。它至少可以在课堂、课程、专业以及院校四个层次上开展。它是学生学习中不可缺少的环节,也是大学教师的日常工作之一。它是成果导向教育的要素,是应对学生学习不足的反应,是教育质量保障的需要,同时也是大学教师发展教学学术的途径。要对学生学习成果实施科学评价,至少需要三个基本的实施要素:清楚陈

述的预期学习成果、有效的证据收集方法、设置明确的评价标准。当前我国大学生学习成果评价中普遍存在规准不够及创新不足两大问题,其中规准问题主要体现在第一个和第三个要素上,创新问题主要体现在第二个要素上。

一、规准不够的问题

规准有规范和标准两层含义。大学的课程教学似乎只是教师的"一亩三分地",这是学术自由和教学自由的体现,但这并不代表课程教学中尤其是学习成果评价中不需要注重规范和标准。

1.预期学习成果陈述缺乏要求。尽管高校教务部门在教学大纲中有涉及学习目标的编制要求,但在课堂层次上很多教师并没有认识到向学生明示课堂学习目标(即预期学习成果)对教学的价值,有些教师甚至从不向学生陈述学习目标。另外,相当一部分教师并不知道如何清楚合理地表述预期学习成果。在对多所高校教师的教学能力培训研究时发现教师们很少受过这方面的训练,对于"让学生成为目标表述的主语""使用恰当的动宾短语"等学习成果描述的规范要求领会不足、贯彻不够。在课程层次上,教师们对于所授课程旨在培养学生哪一方面的核心素养的思考不够深入,表述不清楚"学好了某门课的学生和没学好或者没学过该门课的学生在知识、能力和表现上的本质差异"。教师对于如何选择教学内容(即教什么)、如何评价课程学习成果(即考什么)也存在疑惑。大学课程知识选择在很大程度上取决于教师对课程和学生的责任感,即教师的价值取向。这是从专业伦理角度进行回答。选择教学内容的标准究竟是什么?这最终还是一个教育学的问题,但这个问题目前没有明确答案。

2.专业课程教学缺乏标准。2018年相关文件的发布是全面提高我国高等教育质量和本科教学综合改革进程中具有划时代意义的大事,但仅仅有专业国标还不够,课程教学更需要标准来规范。当前,同一专业的同一课程名称在不同院校内容可能完全不同,这全由任课教师自由掌握,缺乏课程教学应有的严肃性。早在1956年就有有识之士提到"同一门专业的同一门课程,虽然在不同学校内由不同教师讲授,它的基本内容却应当一致;应有统一的教学大纲,作为讲课的准绳"。而这种应该具有的一致性在当前却备受忽视。由于缺乏专业基础课和核心课的课程标准,高校对于教师课程教学的管理和评价始终只能停留在表面,比如在教学时间、上课纪律等方面有刚性约束,对于是否存在教学大纲有形式检验,但对于课程内容是否真正满足专业人才培养需要、学生应投入多少时间学习、课程效果如何这类关键性、实质性问题则束手无策。

3.学习成果评价实施缺乏规范。根据一些学者对中部某省9所大学800余名高年级本科生的"大学生课后作业情况调查"进行研究发现,在最为重要的课堂学习成果评价方式——课后作业方面,每周都布置作业的专业课仅占8.3%;每个学期只会布置1~2次作业的专业课比例最高,比例接近36%;从未布置过课后作业的专业课占了13.4%;同时,绝大多数学生(约85%)可以在2小时之内完成课后作业,学业负担总体较轻,这与美国大学注重合理的学业负担形成了鲜明对比。此外,对于课后作业的表现,仅有不足1/4的同学选择"计入平时成绩",有31.6%的同学选择"不知道是否计入",剩下44.7%的同学选择"不计入平时成绩"。有关作业不交对于成绩的影响、教师对于作业的反馈等方面都反映出学习成果评价的实施缺乏规范。

二、创新不足的问题

创新不足的问题主要体现在学习成果评价的内容和方法(即证据收集的方法)上,有如下三点体现:

1.对高阶认知内容的评价不足。高阶认知主要来自教学目标分类,即记忆、理解、应用、分析、评价、创造。认知能力越靠后对学生的认知要求越高。有学者曾对课程学习成果评价的最主要形式——课程考试进行分析,运用该分析框架,选取《全国普通高等学校专业目录》中人文社科领域31个专业共42份专业基础课期末考卷进行文本分析。发现平均100个题项中评价记忆、理解运用、分析、评价和创造能力的题项分值比例约为29:32:18:16:2:3,评价事实性知识、概念性知识、程序性知识的题项分值比例为46:22:16。可见,课程层次的学习成果评价注重事实性知识的记忆以及概念性知识的理解,高阶认知内容的评价相对欠缺。

2.对问题情境创设的重视不够。问题情境是指评价学习成果时构想的问题所处的情境。情境是问题提出和呈现的载体,在真实的职业与社会生活中几乎所有问题都存在一定的情境,学习成果评价中也需要重视问题情境。它本身具有认知和教育上的重要意义,对学生有正向引导性,不至于造成"文科生死记硬背,理科生大量刷题"就能应对课程考试。有问题情境的评价也能促进教师的教学反思。当前我国大学课程学习成果评价中不太重视对问题情境的创设,情境体现不出模拟真实性、相对复杂性、典型性和代表性等原则,学生在面对评价任务时不能调动类似于他们解决真实问题时所需要的技能。相当一部分课程学习成果评价反映不出教师投入的智慧和创造力。

3.对整合性学习成果的关照不足。在课程和专业层次上以及在通识教育的学习成果上,目前对整合性学习成果的评价不足。整合性学习成果是建于分散的知识和技能之上的。在专业学习成果评价中,目前我们缺少类似于美国的"顶点课程",本科生的毕业设计和论文环节也越来越流于形式。

学生的学习成果评价在一流本科教育中会越来越重要。要让评价真正成为好的指挥棒,就必须认真对待前述规准和创新问题,提高学习成果评价的质量,从而引导带动学生求真学问、练真本领。

第五章　高校创新型人才的意识、人格与能力培养

第一节　高校创新意识培养

创新意识是人在周围事物的作用下产生的一种需要参与其中的强烈冲动。这种情绪贯穿在每一个行为表现的过程之中,冲动的积累和连续性就决定着新行为的成果和质量。而人的创新意识在很大程度上不是后天强化而成的,应该说从孩提时代开始就已具备,这种意识如果在每个人的学习生涯中得到了科学、合理的激励和培养,那么就可以让他发展为一个做大事创大业的创新人才,但这是一个极为漫长和艰难的过程。

一、创新意识概述

培养创新意识、训练创造思维、传授创造方法、提高创新能力是创新教育的主要内容,而其中创新意识的培养又是重点。"创造性首先强调的是人格,而不是其成就……自我实现的创造性强调的是性格上的品质,如大胆、勇敢、自由、自主性、明晰、整合、自我认可,即一切能够造成这种普遍化的自我实现的东西,或者说是强调创造性的态度、创造性的人。"可见培养创新意识,提高创新者心理素质是多么重要。创新意识是创造的前提和关键,没有创新意识的人难以产生创造思维、掌握创造方法和获得创造成果。

(一)创新意识的概念

《辞海》对"意识"的解释是:"高度完善、高度有组织的特殊物质——人脑的机能,是人所特有的对客观现实的反映。对物质来说,意识是第二性的。无机物固然没有意识,比较高级的动物也没有意识,而只有意识的萌芽。随着由

动物向人的发展,动物的脑过渡到人脑,这时产生了人所特有的意识。从生理方面说,人的意识是以具有第二信号系统为特征的,它是高级神经系统高度发展的表现,是在劳动基础上同语言一起产生的。意识不仅是自然的产物,而且是社会的产物……在哲学上,意识和思维是同一类的、同一意义的概念,都是人脑对客观现实的反映,在这个意义上它们可以通用。但意识一词的范围较广,包括认识的感性阶段和理性阶段,而思维则仅指认识的理性阶段……"

"意识"这一概念在很多场合都被使用,但它在不同的场合其含义则全然不同。"意识"应用于"创新""信息""科学"等场合,其含义是指它的能动性的一面。它是一些客观存在所引出的思想,这个思想指导人的行动,使行动具有目的性、方向性和预见性。

我们所说的"创新意识"就是根据客观需要而产生的强烈的不安于现状,执意于创造、创新的要求的动力。这种"动力"是指心理上的一种内在驱动力、推动力,是一种自觉的心理活动。

创新意识具有开拓性、独创性、联想性等特征。具有创新意识的人,能够不为传统习惯势力和世俗偏见所左右,敢于标新立异,想常人不敢想的问题,提出超常规的独到见解,善于联想,从而开辟新的思维境界。创新意识是创造精神的重要组成部分。

我们认为,创新意识主要包括问题意识、发现意识、怀疑意识、捕捉机遇和灵感的意识、抗挫折的风险意识、独立意识、自主意识、合作意识等。创新意识的培养实际上是关于创造、创新中的非智力因素的培养问题。非智力因素几乎都是后天培养的,它们可以在创造、创新中起到发酵的作用。

(二)创新意识的来源和影响

科学技术的创造、创新的动力就是驱使人去追求发明、发现的强烈愿望,或者叫强大的推动力量。

这种力量的来源,首先是一种渴望认识世界的激情。激情是什么?是一种强烈的情感表现形态,是主动的,具有迅猛、难以抑制的特点。人在这种激情的作用下能爆发出无穷的力量,一心扑在研究工作中甚至可以几天几夜不睡觉。人在激情的支配下常能调动身心的巨大潜力,出现超乎寻常人的状态。

一切行动的动力都是要通过大脑转变成为愿望才能使之付诸行动。"愿望是由激情或思虑来决定的。而直接决定激情或思虑的杠杆是各样的。有的可能是外界的事物，有的可能是精神方面的动机，如功名心、'对真理和正义的热忱'、个人的憎恶，或者甚至是各种纯粹个人的怪癖。"这主要是说激情的背后有其根源。对于创新者来说，好奇心能使人产生探索的内驱力。某著名科普作家说："科学始于好奇。好奇，是不可遏制的求知欲望。"好奇心是人类精神最崇高的特征之一。因为它最简单的定义是"求知的愿望"。与其他生物比较，只有人类具备这样的特点。具备创造意识的人多半都有完成独创性研究的能力，并有极大的内驱力。"许多人所以爱好科学，是因为科学给他们以超乎常人的智力上的快感，科学是他们自己的特殊娱乐。"我们看到骑兵部队的战马，闲下来时常表现出有力无处用的不安，一旦牵出来整装待发就精神抖擞、昂首阔步，表现出特殊的求战精神。富有创造性思维的人如同战马的求战精神一样，也富有不断创新的欲望。

创新意识不只是受过高等教育的人应该具备的，处在各个不同层次的人都要培养这种素质，因为创新意识能给每个人都带来机遇和成功。

现在一些有远见的企业家都非常重视对企业员工创新意识的开发和培养。某世界科学家曾提出、企业员工应学会三种技能，即学会怎样思考、怎样学习和怎样创造。

有较强创新意识的企业家，会利用员工的聪明才智为企业的兴旺发达服务。例如，世界上第一条汽车生产流水线装置的诞生就充分说明了这一点。"让工薪阶层都有一辆属于自己的车"的战略口号，要达到这个目标至少有两个问题需要解决：一是要让工薪阶层买得起，就必须大幅度降低成本；二是要有极大的生产能力，就必须扩大生产规模。后来诞生了具有大规模生产能力的汽车生产流水线，实现了机械类产品的制造过程与气体、液体生产加工过程一样连续、不间断和可控，产品可以在生产线的末端源源不断地产生。这项创造与发明就是全体员工创新意识的结晶。

"创新是一个民族进步的灵魂，是国家兴旺发达的不竭动力。"那么，创新意识就是取得创新成果的不竭动力。国家高技术研究发展计划倡议者之一的核物理学家终生具有创新精神。他是中国现代科学和世界物理学界丰碑式的人物，被人们称之为科学创新大师。极强的创新意识，使这位创新大师从23—

79岁都有创新成果问世。获得国家最高科学技术奖、被誉为杂交水稻之父的袁隆平教授和82岁高龄的著名数学家吴文俊教授也是这方面的典范。

创新意识是创新思维与创造力之间的重要中介因素之一,它是促成创新思维转化为创造力的桥梁。具有创新意识是取得创新成果的必备条件,因此培养创新意识是培养创新能力的首要环节。

二、创新意识培养需克服的问题

培养创新意识对于创造有重要的意义。假如一个人仅仅精通了数学上的各个分支,掌握了各种各样复杂的数学定理,那么他还不算是一个数学家。一个好的数学家最重要的就是要有自己的创新,要能发现前人没有发现的问题,解决前人没有解决的问题。所以一个人应该有广博的知识,做到"学富五车",而且应该有创新意识。

创新意识培养实际上是关于创造、创新中的非智力因素的培养问题。非智力因素几乎都是后天培养的。培养学生的创新意识,要培养其事业心以及树立创新的理想,同时,还应从以下几方面着手。

(一)克服习惯心理培养问题意识和怀疑意识

问题意识要求学生在日常生活和学习中遇事都要问个为什么,不放过任何疑点,养成爱琢磨、爱钻研、勤学好问的习惯。有句名言:"问号是开辟一切科学的钥匙。"发明创造始于问题。问题就是矛盾,有了需要解决的问题,才需要思考,学习才有主动性。思维是由矛盾引起的,问题是矛盾的表现形式,学习中提不出问题是学习不深入的表现,能提出问题是肯于动脑的结果。有人对现实生活中的许多现象熟视无睹,而有人却善于观察,多问几个为什么,从而发现问题,有所创造。处处留心皆学问,凡事能问个为什么,就能有所发现、有所创造。

怀疑意识和问题意识有相通之处,但怀疑意识更强调对权威的挑战,对书本、对老师、对标准答案的不盲从。

培养问题意识与怀疑意识,对学生来说,应做到以下三点:

1.积疑——勤问。积疑是指学生在学习时要养成收集、记录生活、学习过程中随时冒出来的疑问的习惯,一般要准备一个专门记录疑难问题的笔记本来随时记录。每天要抽出几分钟时间整理疑难问题,针对问题进行思考,或请教同学、老师并将思维结果记录在案。许多学生一个学期还提不出一两个问题,或者有了问题但等老师来了他又忘了问题是什么,半天想不起来,这些都不利于学习和创新。勤问就是要多问,首先是问自己,其次是问别人,要敢于不耻下问。许多学得好的学生都有勤问的习惯,他们注意经常给自己提问题,因此对事物理解得就比较深刻,思想也比较活跃。许多人发现,在学习中凡是哪个地方自己以为懂了觉得没有什么好想的,却正是自己理解不够深刻的部分;凡是发现问题多的倒是自己理解较为深刻的地方。心理研究表明,意识到问题的存在是思维的起点。问题意识不仅体现了个性思维的灵活性、深刻性,也反映了其独立性和创造性,在实际课堂教学中问题意识对开发学生的智力、培养他们的创造能力具有同样积极的意义。从某种角度来说,教学过程实际上就是师生双方发现问题、提出问题和解决问题的过程。

2. 能疑——善问。能疑是指要加强学习并具备一定的知识和智力水平、掌握一定的创造思维方法,从不同角度提出一些有价值的问题。善问是指提问也要注意一些方法和技巧。问人之前自己先要细想,尽量做到有准备地问问题,否则,即使别人解释得很详尽,你也可能仍感到若明若暗,所得肤浅;问人之后要认真研究对方的答案。想一想别人解决问题的理由和根据是什么,要充分重视别人解决问题的方法,探讨别人处理问题的途径,要善于从比较中学习。要对别人的想法和自己原来的想法进行一些比较,从而纠正自己的错误,发现问题的根由。

3. 敢疑——穷问。敢疑是要有坚持真理、挑战权威的勇气。不论是老师、书本或是其他权威,只要自己有疑问就要敢于怀疑,不要怕人笑话。有了怀疑再去求证,向别人请教时也许会有所创新;即使证明自己错了,也会得到经验,获得进步。在求证的过中要敢于穷问,对自己要多问几个为什么,请教别人时也要打破砂锅问到底。穷问是思维深刻的表现,也是创新突破的重要一环。在问的过程中甚至还可以展开争论,争论可以激发灵感,从而促进思考深入。有一名言,"真理是从各种意见的冲突中得来的。"通过争论,可发挥集体智慧、互相启发、相得益彰。

（二）克服惰性心理，培养捕捉机遇、灵感的意识

机遇是指导致科技突破的原定研究进程所未料到的偶然事件或机会，其主要特点是意外性。灵感是指研究者在创造活动中所出现的豁然开朗、思路突然贯通的顿悟状态。其特点包括：一是灵感引发的随机性，指灵感在何时、何地出现，受什么启迪或触媒而发生，都是不可预期的；二是显现的瞬间性，如不及时抓住，会转瞬即逝；三是灵感爆发的情感性，指灵感爆发的瞬间，创造者出现的迷狂、惊喜和情绪高涨等心态。

机遇和灵感在创新活动中具有重要作用，常常是导致创新突破的导火索，善于捕捉机遇和灵感是一个人创新能力的重要体现。但机遇和灵感只亲近有准备的头脑，它是深思熟虑的必然结果，其偶然性中有必然性，只有热烈而顽强地致力于创造性地解决问题时灵感和机遇才会光顾。同样重要的，你还要时刻准备着，有善于捕捉机遇和灵感的意识，否则，即使灵感出现的次数再多也会被视而不见、白白错过。要克服惰性心理，当灵感的火花闪现时要及时追踪记录，当机遇来临时要认真观察反复思考，否则灵感和机遇就会稍纵即逝、永难找回。培养捕捉机遇和灵感的意识时教师要经常鼓励学生质疑问难，不断强化他们的问题意识，使他们养成"多问几个为什么"的思维习惯；应设计丰富多彩的教学活动，设置不同的情境，培养学生的观察能力和判断力，要教导学生做科学创新的有心人，当灵感光顾、机遇来临时要及时捕捉和记录在案。要对新想法、新发现进行认真研究，从中受到启迪并有所创新。

（三）克服依赖和盲从心理，培养独立意识和自主意识

创造性最讲究独一无二，不喜雷同，因此培养创新意识要注意独立意识的培养。对中学生来说，包括具有独立的人格、独立获取知识、独立钻研问题、具有自己独到的见解、不依赖别人、不盲从别人的意见、独树一帜。有的学生回答问题时总喜欢附和大多数人，没有自己的主见，或者一遇到问题总是依赖于别人，不去独立思考；有的人妄自菲薄，因而谨小慎微、唯唯诺诺。这些都是缺乏独立意识的表现。

同时，创造性是指对现实的超越，它是学生主体性的最高表现，因此培养自主意识十分重要。自主意识包括自我激励、自我控制和自主发展意识。学生依靠自己的意志而不是受外界的控制，把自己的注意力集中到所选择的事

物上并且克服困难、百折不挠,这实际上就是自我激励、自我调控。教学中要使学生明白发展的主人是他自己,一个人的发展主要靠自己,别人只是辅助而不能替代。同时,要尊重学生,视学生为主人,让他们能够自主选择、自主活动、自主发展。

(四)克服恐惧心理,培养风险意识

有的同学把创新看得很神秘,认为那是科学家的事,自己想都不敢想;也有的人对创新具有恐惧心理,害怕别人非议,害怕挫折。其实创新并不神秘,人人都具有创新能力。科学家的重大发明是创新,学生想出一道题目新的解法或者写出一篇有新意的文章也是创新。潜在的创造力在人身上是沉睡的力量,若不被唤醒就会萎缩乃至泯灭。所以对创新的恐惧是完全不必要的,而应大胆开发。但是,由于创新是在走前人没有走过的路,难免会遇到困难、遭受挫折。科学发明也是有风险的。所以要想有所创新,就要有一定的风险意识和冒险精神,要有克服困难的勇气和百折不挠的意志。畏首畏尾的人是不可能有创新的。有的人遇到一点挫折就打退堂鼓,这些都是与创新无缘的。教学中要引导学生学习前人为真理而奋斗,不怕磨难甚至牺牲的崇高精神,树立为人类创新而不懈奋斗的信念。要解除学生对错误的恐惧心理,强调从错误中学习,鼓励学生敢于幻想,大胆试验,做敢想敢为、勇于创新的人。

三、创新意识培养的要求

创新意识是指人们在客观事物的刺激下自觉产生改变客观事物现状的创新意愿和创新欲望。创新意识是创新活动开展的先决条件,也是创新能力开发和创新思维培养的原始起点。对于高校学生来说,没有创新意识就不可能产生创新需求和萌发创新动机,也就不可能深入持久地开展创新活动。因而加强学生创新意识的培养无疑是创新人才培养的重要方面。进行创新意识的培养主要包括以下几个方面:

1.强烈的好奇心。好奇心是指人们力图了解和掌握事物本质真相的一种心理。由于好奇而对某一事物感到疑惑而进行思考和探索,以求弄清事情的原委,因而成为创新的起点、动机和驱动力,也成为人们产生坚强毅力和持久耐心的源泉。由好奇心驱使而去观察和探寻往往是创新发明的前奏。一般来说,人们在认知需求中有层次之分,好奇即可分为"了解的好奇"和"理解的好奇"。其中,"了解的好奇"主要依赖于自然的成长过程,而"理解的好奇"则主要依赖于后天的学习和研究。"理解的好奇"是一种理性的好奇,不仅对新奇事物产生浓厚兴趣,而且对该事物的发生原因及发展规律产生兴趣,从而进行"由表及里"的深入研究。因此,根据学生的认知需求来激发好奇心态是塑造大学生创新意识的需要,也是其探索未知事物的精神动力。

2.旺盛的求知欲。求知欲是指人们对知识和真理的渴求欲望。在探索自然和人类社会发展奥秘的过程中人们总是力求掌握事物发生与发展的真相和规律,总是需要用科学理论的系统知识来解释周围的各种事物与现象,这就使得人们渴望用知识武装自己,在探索未知的历程中取得事业的成功。求知欲旺盛是高校学生的特点,不断的求知与探索是掌握各种知识和技能的重要途径。人的行为往往受欲望的支配,正确高尚的欲望是人们行动的指南和前进的动力。随着科技的进步与社会的发展,人类面临着知识经济与信息时代的挑战,知识量、信息量剧增,如果不能适应这种变化,将会在时代面前逐渐落伍。因此,高校学生若能保持旺盛的求知欲,必将能够立足已知,探索未知,在漫长的求索途中目的明确、百折不挠地向前迈进。

3.适度的怀疑感。怀疑是创新的向导,适度的怀疑感可以使人们保持思维的独立性和求真性,也可以促进意识的能动性和进取性。没有一定的怀疑感,对周围的事物安之若素、处之泰然,就必然丧失学习和创新的热情。实际上,适度的怀疑感是思维的解剖刀和放大镜,它有助于人们剖开事物真相和看清事物本质。高校是各种知识和文化高度汇集的场所。如果高校学生不能保持适度的怀疑感,那就可能在各种学说和流派的冲击下迷失方向。因此,从某种意义上说,适度的怀疑感是帮助学生保持清醒头脑,避免盲信、盲听、盲从,确定自我发展正确方向的有力武器。当然,适度的怀疑不是怀疑一切,更不是否定一切,其目的是为了不被事物已知的结论束缚,敢于对各种结论作逆向思维和怀疑思维,在自我探索的过程中培养敏锐的质疑能力和判断能力。

4.进取的心态。进取的心态是人们积极向上、奋力拼搏的动力源,它促使人们不满足于现状、不局限于现有,开拓进取、求知探索,始终保持思想上、学习上以及工作上的进取态势。有了进取心就可以完成由未知到已知的转换,可以实现由知之甚少到知之甚多的跃进。"世上无难事,只怕有心人"的"心"指的就是进取心。因而,无论是科学研究还是发明创造,都需要强化进取的心态,与保守平庸、无所作为的消极心态彻底决裂,发扬刻苦钻研、不畏艰难的精神,不断努力、不懈攀登。

5.求索的意识。求索的意识指不断追求探索的精神状态,是创新人才的基本素质,也是创新意识的重要组成部分。具有求索意识意味着对新观念、新思路、新事物有高度的敏感性和积极的探索性,有助于发挥个人思维的能动性和创造性;具有求索意识也意味着对新知识和新事物的追求将更为坚定和执着。经过审时度势、对比检验,对传统思想中的消极落后观念有新感悟、新认识,自觉摒弃陈旧思想来激发创新决心和意志,从而不断汲取新知识、探索新方法、树立新理念。

第二节　高校创新人格培养

一、创新人格概述

在心理学中,创新人格属于非智力方面,是创新素质中比智力素质更为重要的素质方面。因为创新人格是在先天素质的基础上及后天养成的对创新的意愿性和习惯性作用,即表现为创新素质内在的自然倾向性。创新人格是创新活动的内在动力机制,是创新意识和创新精神在个人心理层面的积淀,是创新能力形成的内在动力源。

(一)创新人格的内涵和外化特征

人格,原意为面具、脸谱。在《现代汉语词典》中"人格"有三种解释:一是指人的性格、气质、能力等特征的总和;二是指人的道德品质;三是指人的能够作为权利、义务的主体资格。人格实质上是一种具有个性化独特特征而又相对稳定的心理行为模式。人格包含遗传和后天的成分,因而还具有可变性、可塑性。作为表现人的主体资格的人格,是人的主体性的集中体现、凝结和升华,是人作为活动主体在与客体的相互作用中表现出来的能动性、自主性、责任性和自为性,是个人心理与行为特质的总和。

创新与人格密切相关,创新是人的本能,但人的创造性却是潜在的,需要后天的教育和培养。学生阶段是人的生理、心理剧烈变化并逐步走向成熟的时期,尤其非智力因素发展迅速。学生求知欲强、富于幻想、想象力开始尝试与社会现实接轨,具有目的性、现实性、开放性、创造性等特征,创新动力充足;由于学生精力充沛、个性基本形成,思维、认识能力不断提高,其思维的独立性、批判性、原创性大为增强,他们灵感丰富、心灵手巧、富有创意,处在创新心理的大觉醒时期,对创新充满着渴望和憧憬,创新意识浓厚;他们敢于标新立异、勇于实践,不易囿于传统思想观念的束缚,他们敢想敢说敢做,创新精神增强。因此,如果对学生的创新动机、创新意识和创新精神进行有意识的强化、培养和塑造,使创新成为他们一种相对稳定的心理行为模式,并内化为他们人格的主要基质,那么,他们将来的创新能力愈发增强,创新成果就愈加显著。

创新人格是指培养和发展有利于创新意识开发、创新精神彰显、创新能力强化的人格特质。创新人格主要包括独立生存的自信心、不进则退的进取心、百折不挠的坚韧心和胸怀社会的责任心。它集中体现为强烈的创新动机、执着的创新情感、顽强的创新意志、持久的创新毅力、勇敢的创新行为等。这种创造性个性和能力倾向是大学生创新素质发展的动力和方向性保证,是实现创新所表现出来的特异的心理特征。

1.创新人格的内涵特征。

(1)独立生存的自信心:自信心属于自我意识范畴,是一种积极的自我体验。它主要指个体对自我的评价符合客观实际,对自己所从事活动的正确性深信不疑,是一种建立在对自身优缺点充分了解基础上的自我认可的情绪体验。对独立生存的自信是现代人才对自我生存素质的自我满意,更是对自我开辟生活道路、自主创造人生价值能力的自我判断。这正符合现代"学会生存"的教育理念,"学会生存"更多强调的是独立面对生存环境、独立迎接生活挑战、独立创造人生价值。当然这种独立不是与世隔离也不是与他人割裂,而是指独立思考、独立筹划、独立应对的能力。它是新颖、独特的创新灵感产生的前提。具有独立生存的自信心的人格特征就能在不同境况、不同人际关系中从容应对和处理各种复杂局面,就善于在总结中创新,在创新中前行。

(2)不进则退的进取心：在知识经济日新月异、全球一体化进程日增月进、我国高等教育大众化日升月恒的现代社会，不甘落后已成为低层次的进取精神，大力倡导的应是不进则退，而恪守古训、因循成法已是社会发展的障碍；"创新是一个民族的灵魂"，更应是现代人格的灵魂。某学者认为"一个拥有持续创新能力和大量高素质人力资源的国家，将具备发展知识经济的巨大潜力"。没有执着追求、求知若渴、不进则退、与时俱进的进取精神，也就无所谓竞争优势，更不可能做出创造性贡献。

(3)百折不挠的坚韧心：百折不挠、坚韧不拔是所有创新成功者的共同特征。创新的价值正在于探索未知世界的艰辛和漫长，纷繁复杂的问题和局面会在毅力和坚持中迎刃而解。某著名数学家常教育学生："坚持，先生，要坚持。你所遇到的困难会在你前进的途中自行解决。前进，你就可以看到光明，它将照亮你前进的道路。"坚韧的意志力品质是创新人格的基石，自控自律、严谨细致、一丝不苟、百折不挠、持之以恒、愈挫弥坚，如此，方能排除各种干扰，自觉提高学习效率，朝着创新目标不断迈进。

(4)胸怀社会的责任心：接受现代高等教育的创新人才应充分理解个人的社会使命。创新的目的是为了促进人与自然、人与人、人与社会的和谐与发展，任何创新不应违背社会道义和责任。在现代开放社会，更多的发明创造是多人合作的结果，是团队智慧的结晶。兼容并蓄、宽容大度、扬长避短、尊重他人、学会合作、摒弃个人主义、保持健康心境是创新人格养成的条件。

2.创新人格的外化特征。

(1)对知识的主动学习能力：创新的自信来源于不知疲倦地学习，日新月异的社会科技进步为人的进取提供了最佳动力，而进取的最有力表现就是不断主动学习。具有创新人格的个体对新知识充满好奇和渴求，愿意并主动学习一切新兴事物，在新旧知识的融合和比较中进行知识的再造生产，在学习的基础上独立思考，完成原创思维构想。这种学习的能力体现为要学习、会学习、善学习。

(2)对环境的主动调适能力：具有创新人格的现代人深深知晓"物竞天择，适者生存"的道理，懂得团队合作的重要性，对工作和生活的理化环境和人文环境有主动的调适能力。能在人与环境的互动中判断创新环境的变化，并以前瞻性思维与眼光做出预测并及时调整创新目标和行动方案,协调、控制创新进程,始终以满腔热忱与人合作,以充沛精力解决问题,以坚韧毅力克服困难。

(3)对构想的主动践行能力:对创新资源的合理配置、有效组织可将创新方案付诸实施,使思维的"空中楼阁"变为"现实花园",这是具有创新人格的现代人才具备的必然能力。学以致用、好学力行才能将创新理想成功践行,必须有强烈的实践意识与现实社会接轨,综合利用各种创新资源。有较高的动手操作能力和较强的组织管理能力并能在实践中不断改进和调整。如此,创新构想才能转化为现实生产力,实现服务于社会、服务于大众的创新价值。

(二)创新人格对创新的影响

创新是一个系统的综合过程,即创新意识—创新精神—创新能力—创新行为。具有创新人格者,首先必须具有强烈的创新意识和强烈的创新冲动;其次,将这种创新意识凝聚成一种创新精神,矢志不渝,孜孜以求;再次,在创新精神的鼓舞下通过知识积累、积极探索、悉心实践形成创新能力;最后,将创新能力在创新活动中充分地表现出来成为创新行动。

创新人格促进个体创新意识的强化、促进个体创新精神的发扬、促进个体创新潜能的挖掘、促进个体创新行为的成功;反过来,创新又强化人格特点,使之进一步巩固和突出。这种呈良性循环的相互作用和相互促进使创新人格特点在富有创造性的个体身上固定下来,形成固有的、独有的创新人格。在整个创新过程中创新人格的主要特征对创新的影响是至关重要的。

1.对创新意识和创新精神的影响。创新意识是个体在实践中萌发出来的创新意向和念头。这种意向和念头带有明显的自觉性和能动性。影响和左右着创新意识的人格特征是浓厚的求知兴趣和强烈的创新激情。兴趣是个体积极探究某种事物的认识倾向,这种认识倾向使个体创新意识十分明显,对创新意识的形成起着巨大的推动作用,因为兴趣能激起人们创新的激情。具有浓厚求知兴趣的人往往对某种观点或怀疑或不满,这种怀疑和不满应该说是创新的先导。有怀疑、有不满,才有突破、才有发展、才有飞跃。飞跃即创新,当然这种创新必须有精神信念来支持。有了坚定的信念才有冒险的精神。冒险意味着要有特殊精神和顽强的意志。在创新活动中具有坚定的意志及战胜困难的决心才能取得最后的胜利。

2.对创新能力和创新行为的影响。创新能力是个体独立地以新的模式和程序去掌握与运用知识、技能和发展新原理、形成新技能、发明新方法、获得新成果的能力。因此他们在行动上往往表现为独行敢闯,敢于对传统观念进行反叛和对常规进行挑战。

二、培养高校大学生创新型人格的价值

21世纪的人类社会综合国力竞争异常激烈,构建和谐社会及建设创新型国家实施素质教育成为战略需求。大学生作为国家创新人才的后备力量,培养其创新型人格是关键,这是人力潜能开发的呼唤和社会进步的需要,也是马克思关于人的全面发展理论的实践。历史表明,创新使一个国家和民族充满生机和活力,创新已经成为实践的主导形式,成为社会进步的推动力。

创新型人格是高校培养创新人才的理想人格,良好的人格特征是创新活动的心理保障,高校思想政治教育的重要目标就是必须将国家理想、民族复兴、价值取向和人生追求,特别是把人的现代化作为教育改革的重中之重,创新人格的培养要突出时代性,其价值主要表现在以下几个方面。

1.勇于探索未知的领域。创新型人格的个体特征表现为独立自觉地思考问题,不惧怕压力、不迷信权威、敢于质疑、敢于发表新见解、敢于标新立异、不迷信书本、不唯上、不唯潮流,对现有知识进行科学的怀疑和理性的批判、具有大胆的批判精神、具有"敢为天下先"的勇气。培养创新型人格能帮助大学生更好地认识失败与成功的辩证关系,不泯灭激情,不停止探索,要保持顽强意志、敢冒风险、坦然面对失败和积极探寻失败原因,以阳光的心态将失败看成宝贵的经验,以失败为起点勇于探索未知的领域,勇于为真理献身。

2.顽强克服探索中的障碍。培养创新型人格能够帮助大学生树立正确的世界观、人生观、价值观以及科学发展观,能够使大学生个体具有坚强的意志力,这是创新型人格的基石。培养创新型人格能使大学生明确既定的理想目标,坚定克服困难的勇气和自信,对待充满艰辛、复杂的创新活动过程要善于排除干扰,顽强克服探索中的障碍,能够在创新活动中严谨自律,坚持百折不挠的精神,持之以恒,直至达到成功。

3.善于协作开展科技攻关。培养创新型人格能够使大学生以开放、团结

的心态和团结协作的团队精神来积极协作开展创新和攻关,正确处理知识经济时代的知识飞速更新的挑战,善于处理继承与创新的关系,积极吸纳不同国家、不同学派知识和科学技术成果,能够帮助大学生掌握学习和借鉴的认识论和方法论,在创新实践中要善于同团队成员协商合作,要发挥集体的智慧,避免知识、能力、素质等个体差异带来的局限性,要有效地朝向创新目标,取得创新业绩。

4.严格遵守科技伦理规范。培养创新型人格使创新人才具备高度的社会责任意识,这样能激发大学生追求真理的激情,崇尚科学、追求进步的品质是创新的根本动力,是创新型人才成长的目标和价值导向。对于一个纯粹的科学家来说,对人类自身命运的关注从来都必须成为一切基础工作的目的。创新型人格帮助大学生自觉树立科学道德和严格遵守科技伦理规范。信息、能源、生命科技的飞速发展在为人类创造巨大财富的同时也激化了人与自然、人与社会、人与人之间的矛盾,造成了严重的生态破坏,带来了许多现代社会伦理问题,使人类陷入生存和发展的困境。高校提高大学生的科技道德素养是思想政治理论课程必须实现的重大目标和崭新课题。要发挥高新科技的正能量效应,使之科学发展,这就迫切需要有新的科学伦理价值观的引导以及科学伦理道德的规范。培养大学生创新型人格会促进科技伦理道德素质的提高、为人民谋幸福、为国家做贡献、为人类发展和进步服务,这具有积极的社会价值和深远的历史意义。

三、高校大学生创新型人格的培养对策

(一)确立高校大学生创新型人格的目标

马克思关于人的全面发展理论是高校人格培育的根本指导目标。

1.创新意识是创新型人格的前提条件。创新意识是创新的前提条件,是指人们根据社会发展和个体生活的需要引起求新、求变的动机,在创造性活动中表现出来的意向、愿望和设想。创新意识是创造活动的出发点和内在动力,是使人不断探索进取的精神,是创新人才内在的、稳定的个性心理品质。

2.创新精神是创新型人格的重要内容。创新精神也是一种科学精神,热爱是最好的老师,真正有价值的东西是从对客观事物的爱与热诚中产生的。

科学就是探索客观事物的规律和奥秘,创新是为了产生新的更大价值的成果,这就决定了科学道路的艰辛和坎坷,只有热爱才可能为科学献身,才能勇敢面对挑战,而不是追求创造带来的利益。创新精神是创新人才人格的重要内容。

3.意志力是创新型人格的重要品质。创新活动要求具备顽强的意志力,这种意志力是高度自觉的,是来自内心的成功动力,甚至还会因此自讨苦吃,自设难题。顽强的意志力还表现在果断性,善于迅速做出决定、果断决策及对待困难的坚韧性、坚持力,都是重要的意志品质。

4.科学道德是创新型人格的道德规范。科学创造本身就是人类最高美德的体现,因为创造成果有利于社会发展,能够增进个人的福利,造福于人类。科学的本质特征是尊重事实,坚持实事求是、反对弄虚作假是科学道德的基本要求。科学精神的核心内核是鼓励畅所欲言、坚持真理、不迷信权威,还包括向前辈学习,科学道德是一个不断发展的范畴,要体现科学公正性及精益求精、珍惜资源、勇担责任、学术民主、乐于奉献、善意竞争以及团结协作等科学道德规范。

5.协调能力是创新型人格的重要保证。创新是一个动态的实践过程,大学生协调能力是创新型人格形成的重要保证。协调能力是指大学生在创新实践过程中做出决策的协调指挥才能,要培养大学生善于运用创新活动涉及的各种组织形式,指挥协调相关的人力、物力、财力以达到创新的目标任务和取得良好的业绩。协调能力主要包括人际关系协调能力和工作协调能力两个方面,协调创新团队的人际关系及发挥团队成员每个人的潜能和积极因素对创新型人格至关重要。

6.创造性才能是创新型人格的内在动力。创造性才能是高校大学生创新型人格中的内在支持系统,创造性才能一般包括观察能力、记忆能力、语言表达能力、信息推理能力、想象力、实践动手能力等。教育家陶行知认为"人类社会处处是创造之地,天天是创造之时,人人是创造之人",创造才能是每一个正常人都具有的一种自然属性。当然,人的创造性才能是可以通过学习、训练而被激发出来,以形成创新型人格的内在动力。

（二）实施高校大学生创新型人格培养工程

1.学校教育与自我教育相结合。大学阶段虽然是创新人格养成的关键时期，但创新人才的培养具有连续性，家庭、基础教育、社会同样具有责任与使命。要注重学校教育与自我教育相结合的方法，从世界教育创新的成果来看，国外已经在应用领域对创新人格特质加以培养，其中有益的做法可以学习和借鉴的。

与学校教育相对的按部就班来比较，自我教育要求教育者按照受教育者的身心发展阶段予以指导并充分发挥他们提高思想品德的自觉性和积极性，要把教育者的要求变为自己努力的目标。自我教育就是认识自己、调控自己和评价自己。马克思主义认为，教育同自我教育是统一的过程，自我教育在一定意义上是教育的结果，是进一步教育的条件或内部动力。因此，教育过程中要充分发挥受教育者自我教育的主体作用，培养受教育者自我监督和自我评价的能力，学会运用批评和自我批评的自我教育方法，善于肯定并坚持自己正确的思想言行，勇于否定并改正自己错误的思想言行。

大学生创新型人格教育也是一种终生的自我教育。大学生通过自我教育不断建构健全的人格结构，以积极乐观的生活态度来进行观念更新、知识更新、态度更新等自我调节与控制，使之更好地为社会进步，为科学发展做出贡献。

自我教育与学校教育二者相辅相成、互为补充。随着社会的发展，自我教育将逐渐成为教育的重心。真正的教育是通过自我教育实现的，通过大学生的内化实现主动发展和全面发展，外因通过内因起作用。相反，没有自我教育的教育会变成野蛮的灌输，甚至是一种精神的摧残。自我教育的作用使创新人才养成自信、自强、自立、自尊的品质。国外某心理学家认为自尊心就是个人的价值判断，自尊就是捍卫自己的价值追求标准。形成自己的强大的精神动力，准备用自己创造性的劳动对人类做出贡献，用这种方法提高自己的价值。

高校承担着大学生创新型人格培养的历史重任，要唱响社会主义核心价值的主旋律，使学校教育与自我教育相结合，不辱历史使命，做出积极贡献。

2.专业教育与思想政治教育相结合。创新人格内涵具有多样性和复杂性，思想素质是创新型人格的发展方向，而提高创新人才的思想素质和社会责任意识就涉及培养社会主义事业接班人的重大问题，这就要加强理论与实践的结合。为此,高校通过专业教育培养大学生的专业知识和技能,通过思想政治教育把马克思主义理论知识内化为大学生创新型人格的思想素质和意志品质来提高大学生的思想政治觉悟和分析问题能力,确立积极的人生态度,以形成科学的世界观、人生观和价值观,使马克思主义成为大学生的思想准则和行动指南,帮助大学生形成奋发向上的人格风貌。

专业教育要以思想政治教育为指导,着重抓好以下工作。

(1)建构创新型人格知识培育体系:高校知识培育体系在创新型人格建构中起决定作用,帮助科技成果向服务社会转化。高校创新型人格培养是开放、动态的循环系统。

①开放性:指的是自始至终处在社会大环境之中,是完整的系统而不是孤立封闭的。

②动态性:指的是人才培育的过程需要及时更新发展,要引入反馈机制,适时调节。

③循环性:指的是高校通过对社会人才需求的调研来实施知识和人格的双重培育,要符合时代性,要将大学生知识培育和人格培育二者统一起来,以大学生健康成长为本、树立全新开放的教育理念,使人才培养过程更加健康完善。

(2)高校要进一步改革大学生创新型人格的考核办法:科学的人才观关涉人才培养、评价、选拔、使用,对经济社会和人的发展起重要的作用。科学的人才观的核心是"人人都可以成才"的理念,科学的人才评价机制有重要的导向和示范作用。高校要结合实际来建立以能力和业绩为导向、科学的社会化的考核办法,要大胆创新,应采取如下措施。

①进一步丰富大学生创新型人格的评价内容:高校在社会政治民主化的进程中要侧重大学生创新型人格中的思想品德、知识基础和创造能力。应侧重考核对多种知识的综合能力、对事物的判断分析能力、对团队合作的协调能力等,通过各种竞赛活动、主题实践活动来锻炼和引导大学生提高科学素质和人文素质,最具方向性的是思想政治素质和正确的世界观、人生观和价值观的内容。

②进一步改革大学生创新型人格的培养方法和途径:高校应该根据时代发展的需要和大学生自身的特点,以获取知识为基础、以智能开发为手段、以发展创新能力为核心,通过灵活生动的方法手段培养大学生的创新意识以形

成创新精神,要以顽强的意志力勇敢面对挑战和树立科学的道德观念,要坚持追求真理、要以奉献协作等科学道德规范以及创造性才能为途径。要以高校为主体实现产、学、研一体化的发展之路,思想政治教育各要素之间应体现科学性、时效性和统一性,这个过程本身就是一个创新的过程,它需要打破学科壁垒的时间界限,将德育和智育结合起来、将理论和实践结合起来、将知和行结合起来。这是马克思主义教育基本原理"教育与生产劳动相结合"在高校教育改革中的具体实践。

3.学校教学与社会实践教学相结合。创新人格关系着个体的身心健康,决定着个体的顺利成长和成才,其身心素质水平、思想道德素质的高低关系到创新型国家战略目标能否实现,关系到中华民族伟大复兴的伟业。只有通过有效的教育途径来使学校教学与社会实践教学相结合,才能培育大学生良好的道德品质、和谐的人际关系、乐观向上的生活态度、良好的控制力和不断创新的能力。

(1)加强大学生创新型人格培育的课程建设:大学生创新型人格存在的不足不是个别问题,而是整个群体的共性问题,要加强大学生创新型人格的培育就需要建立人格培育课程体系,并在教学目的、内容、方法等方面加以完善,包括大学生思想道德发展、学习、身心、生活发展,涉及人格内涵的各个方面都要遵循成长、成才的规律,要以需求为出发点和归宿。人格培育课程体系的功能是探究精神世界、解答世界与人生的诸多问题,其具有综合性、实践性、科学性、艺术性等特性,还涵盖了教育、管理、服务的综合内容,以构成人才培养的知识体系。

(2)以课堂教学与实践教学结合方式解决困惑。

①处理知与求的矛盾:人类社会已进入全新的知识经济时代,更新已有的知识成为鲜明的特征,以此创新人才成为紧缺资源,高校目前在专业设置、学科结构及建设方面还存在保守性和滞后性,这就造成了学校讲授的知识理论与社会对人才需求及学生对知识需求之间的矛盾,就对大学生创新型人格培养形成一定的制约。

②处理量与质的矛盾:伴随着高校的扩招,一些新的矛盾显现出来。大学生数量的大幅度增加、教育资源的相对不足、高校教师的数量不可能以同样速

度增长,这些实际造成了高校人均教育资源降低等现实问题,导致了量与质的矛盾。

③处理教与学的矛盾:高校传统的教学模式是统一性教学,教学中以灌输知识为主,教师的教学内容、方法、思维趋于固化,导致学生照猫画虎,使学生的主动性、积极性和创造性不能充分地发挥。教师机械地教、学生被动地学造成了教与学二者失衡的现象。在教学中学生还没有处于教学核心地位,一般多以教师为本位,学生常常复制教师讲授的知识内容,使教学双主体中的师生在教与学的关系中本末倒置。应大力加强高校学生参与课堂讨论和理论研究题目的设计,充分调动学生思考问题的针对性、积极性和创造性,使教师和学生这一双主体在教学过程中形成良性循环运动,保证高校教学和科研的积极健康发展。

(3)要积极创新教学和实践的内容及方法:高校大学生创新型人格培养对教学内容、方法提出了新的要求,人类创造的全部知识主要分为四类,即"知道是什么"、"知道为什么"、"知道怎样做"、"知道谁有知识"。"知道是什么"和"知道为什么"是事实或科学原理及法则,"知道怎样做"和"知道谁有知识"是不能文字化的知识。实践证明,后两方面的知识更为重要,是社会需要的技能,当然也更不容易获得。高校应采取措施解决这种矛盾,具体措施如下:

①对大学生进行智能教育:包括自学能力、研究能力、思维能力、表达能力、管理能力,这可以帮助学生有效驾驭和灵活运用知识。

②培养大学生终生学习的观念:终生学习和接受教育在国外叫作"回归教育""更新教育",指人的一生都要接受不同形式不同内容的教育。伴随着知识老化、更新速度的加快和人才流动机会增多,只有终生学习才能成为完善的人,高校教师终生学习的教育思想会起到至关重要的引领作用。

③培养大学生融合知识的能力:科学知识发展的过程,一种是高度分化使人深入认识的单个领域;另一种是分化基础上的高度综合和集成。这就要求创新型人才要具备扎实的知识和理论基础及深厚的知识背景,高校要重视综合科学的重要性,应对文、理科的课程设置计划进行科学考虑,要注重相互渗透及交叉,使之有效地提高学生融合知识的能力。

④教学内容设计应情商和智商两手抓:情商对创新型人格有不可替代的

作用,当前高校要积极加强相关拓展训练和主题及考察来进一步培养大学生的合作精神,将智商和情商有机结合起来这对大学生创新型人格培养会有积极影响。

4.科学研究与职业心理养成教育相结合。人格是包含心理素质的内在要素,在思想信仰、心灵维护、文化智慧等人格内涵的构成要素中心灵的维护处于中心环节。有学者指出,心理素质是人对环境及相互关系的适应能力、自控能力以及为人处也的态度和素养,因此,在创新人格培育过程中,积极的心理素质培育可使大学生智力发育正常、情绪稳定,要正确认识自己、热爱生活并拥有良好的人际关系和协调能力,以认知能力培育和心理习惯训练相结合的形式促进健康心智、品质的养成,提高创新人才科学研究的能力和水平。

纵观世界优秀大学发展历程,教育目标的确立起着风向标的作用。比如,国外大学教育保持了自由教育的传统,教育目标主要是培养绅士型的领袖和学者,就是培养学会思考、推理和比较、辨别和分析、情趣高雅、视野开阔的人。这样的人不仅掌握普遍的完整知识,受过通才教育,而且智力发达、充满智慧、思想丰富,拥有勇敢、公正、客观等优秀品质。

当今世界的飞速发展告诉我们,培养大学生创新型人格要建立绿色教育通道,要及时发现优秀的学生,要及时做深入的科学技术研究来为其量身定制培养方案,探索小班授课的示范班改革,使其智慧资源不浪费、不流失,要建立专才与通才相结合的培养目标,要积极推进本科生参与教师的科研课题训练以增强知识应用能力,为科学研究打下良好的学科基础。

5.显性教育与隐性教育相结合。人格是构成一个人思想、情感及行为的特有模式,其包含了一个人区别于他人的稳定而统一的心理品质。高校承担着对大学生身、心两方面进行教育的责任,使科学研究与大学文化均衡发展,将有利于大学生创新型人格的培养。目前从教育方式来看,大学生人格的养成主要是通过显性教育及其有计划性、公开性和直接性的特点,以直接、外显的方式进行,即固定的教学计划和教学内容;而隐性教育方式能有效内化人格内容与调节人格结构,能有效化解人格养成中存在的问题,加强隐性教育使之和显性教育相结合是高校思想政治教育的现实选择。

第一,隐性教育在教育方法上表现为诱导性和渗透性。教育过程是信息传递和反馈的双向过程,隐性教育有意识地将知识经验渗透到具体的人、事及活动过程中来引导大学生自主自发地学习。

第二,隐性教育在教育目的上表现为隐蔽性和间接性。隐性教育的教育目的并不直接,这也是其潜在优势,受教育者于不自觉中受到教育并积极内化,较少排斥和逆反。

第三,隐性教育对人的影响本质上是一种价值性的影响,隐性教育与显性教育互补统一,对大学生创新型人格的培养起着潜移默化的作用。高校不是绝缘体,其在学校与外界交互过程中对人格养成产生深刻影响,高校校园建设注重整体的和谐,校园有很强的浸染力。人格主要由文化塑造,说明文化在人格养成中的地位。校园文化是学校于长期发展过程中形成的有代表性的学校特征,是学校整体风貌的精神体现,弘扬积极、进取的精神特质。校园文化是指学校在长期办学实践中形成的大学精神、学校传统以及校园文化活动、文化环境的总和,它以大学生为主体、以校园精神为核心,是创新人格培育的重要载体。校园文化活动是校园文化建设的主要载体,大学生作为组织者和参与者在思想交流、人际关系协调、强化合作意识方面都是很好的实践锻炼,"在活动中感受、在活动中联想、在活动中理解、在活动中领悟",从而实现人格的发展在自由自在的状态下归向健康、崇高与完善,唤起大学生较高的参与度,充分发挥主体性和主人翁意识,促进和引导大学生自身思想、心理、价值取向及思维方式的改变。人格的发展与塑造是个体实现社会化的过程,因此正确的世界观、人生观和价值观是在实践中形成的。

许多高校把社会实践作为大学生的一门必修课,就是为了帮助大学生解决理论与实践之间的差距、理想与现实的矛盾,纠正自己的人格缺陷,从而培养他们的健康人格。其中,教师的人格魅力、为人师表、民主、平等、合作、敬业、自律的工作作风必然会对科技创新人才的创新人格产生积极示范影响。教育的中心问题是精心培养学生的德、智、体协调发展,要寻求真、善、美的宽广胸怀和健康体魄。同时,要具备善于思考和判断的自由精神、敢于负责的自律精神、关注他人为社会服务公共精神等当然,自由、自律精神是公共精神的基础。

高校对大学生创新型人格培养应将显性教育与隐性教育相结合,注重对大学生个性和谐、全面发展的培养,即具有丰富想象力、缜密的思辨力、行为的判断力、鲜明的个性等。国外教育家提出培养"全人"的特征：①基本的科学态度，指客观认识事物，具有批判和创造精神，实事求是分析事物和适度保留判断；②独立性和个人责任感；③全面的知识，包括一般性知识和专业知识和技能；④理解力和思辨力。

第三节　高校创新能力培养

一、创新能力的概念及大学生创新能力培养的意义

(一)创新能力的概念

创新是在前人或他人已经发现或发明成果的基础上能够做出新的发现、提出新的见解、开拓新的领域、解决新的问题、进行新的运用、创造新的事物。创新能力是人类区别于动物的本质特征和标志之一，是主体通过有目的的创新行为表现出来的积极的心理取向。创新是一种有目的的行为，而创新能力则是实施这种目的行为所必须具备的能力。

创新能力是一种综合能力，一般由以下几种能力构成：想象能力、提出问题能力、凭借信息能力、整合能力、分析问题能力、设计和实验能力、解决问题能力、语言文字表达能力等。实际上任何一个正常人都具有以上几种能力，只不过是此强彼弱、程度不一，表现在创新能力上有强有弱，也就是说人都有创新能力，只需去挖掘它并使其得到发挥。虽然人们都有创新的无限潜能，但大多数人只发挥了他们创新才能的极小部分。研究结果表明，人的大脑可以储存5亿本书的知识，一般人的大脑潜力只利用了4%～5%，少数人利用了10%左右。20世纪某杰出科学家去世后医学研究人员对他的大脑进行了研究，发现最多也只利用了30%左右。所以，无论什么人，其大脑都有很大的潜力可以开发和挖掘，关键是要了解和掌握培养创新能力的基本知识。

创新能力的特征可以概括为：善于接受新事物、善于萌发新的设想、善于发现问题、善于提出问题、善于在日常生活中提出新的观点和思路、善于提出解决问题的办法、善于成功地解决实践中出现的种种问题。

(二)大学生创新能力培养的意义

对于大学生创新能力培养的意义,可以概括为以下几方面:

1.培养大学生的创新能力是推进科教兴国战略、参与国际竞争及提高我国综合国力和国际地位的需要。世界上许多专家学者在探究穷国和富国的差距根源时都得出这样的结论:富国雄厚国力的积累来自国民丰富的创新创造能力,而那些穷国国民的创新创造能力却被种种因素限制。正因为这样,联合国对缩小贫富国家之间的差距提出的对策之一就是加速开发落后国家国民的创新创造能力。

当今世界各国之间竞争的重点已经转化为以经济、科技为中心的综合国力的较量,而归根到底则是作为科技载体的人才的竞争,谁率先拥有了具备较强创新能力的人才,谁就会在这场激烈的国际竞争中争取到更大更宽松的发展环境。

2.培养大学生的创新能力是全面推进素质教育的需要。全面推进素质教育意味着以往的教育观念和教育模式将发生根本性的变革。以往的人才培养模式存在着两大弊端:一是由于对教育的本质缺乏全面的理解导致了只重视智育,过分重视知识灌输与考试分数,忽视对创新能力的培养;二是由于对"人的全面发展"缺乏本质的理解造成德育、智育、体育、美育等诸方面教育各占据一条线,发展不均衡。素质教育的重要方面是培养青年学生的创新能力,而创新能力的培养只有通过创新教育才能达到预定的目标。青年的创新能力是通过系统的学校教育来实现的。学生良好的素质一经形成就会进入不断建构的轨道,并且会成为推动自身健康成长的内在力量。

3.培养大学生的创新能力是实现人的现代化的需要。由知识型向智能型转变是人的现代化的重要体现。这种转变不是否定知识的传授,传授知识是为了发展能力,传授知识依然是高等教育的重要任务。创新能力必须有坚实的知识基础和熟练的思维技巧。每一门学科都有其基础知识、基本理论和基本方法,这都是人们在认识有关事物的本质和规律的过程中建立和完善起来的。在传授知识的同时必须加强实践环节使学生掌握科学的思维方法,培养学生的科学思维能力和独立获取知识的能力,使学生从被动接受知识转变为主动建立起自己的知识和能力体系,这是创新能力培养的基本思路。

面对时代发展提出的诸多挑战,我们只有认识创新能力、分析创新能力,进而掌握培养创新能力的基本方法,使我们培养出的学生具备一定的创新能力来为社会做出更大的贡献,这样才能牢牢把握住时代发展的主动权。

二、创新能力培养涉及的关键因素

(一)教师的创新素质

提高教师的创新素质是实施创新教育、培养高质量的创新人才的关键。按照创新教育的要求来采取切实有效的措施并迅速提高所有教师的创新素质是开展创新教育、培养学生创新能力的核心内容。

1.要确立以创新为本的素质教育思想。坚持正确的教育思想和理念是贯彻实施党的教育方针、坚持教育的社会主义方向的重要保证。只有具有正确的教育思想和理念才能科学地确定教育的目标并规范教育、教学的过程和行为。现阶段教育运行和发展中暴露出的许多新问题、新矛盾,从一定意义上讲这正是部分教师教育思想和理念陈旧、滞后的结果。当前以素质教育为标志的适应未来经济社会发展要求的教育新思想、新理念并没有真正在教师头脑中扎根也并没有真正内化成教师的素质。这就要求教师必须具有科学的教育哲学观,要正确把握教育与经济社会发展的内在联系,敏锐观察和准确判断经济、社会发展的新趋势、新特点以及对教育提出的新要求、新挑战,快捷地捕捉和掌握教育改革与发展的新信息,从而使自己的教育思想和理念永远处于时代的前沿。

2.增强培育创新人才的责任感和使命感。21世纪,世界各国的竞争说到底将是创新人才素质的较量。因此,所有教育工作者尤其是广大教师必须从中华民族伟大复兴的战略高度来充分认识创新人才培养的极端重要性,从而强化社会责任感、历史使命感。

培养高素质的人才来增强民族的创新力、竞争力是实施创新教育的根本目标,也是教师的神圣使命。这不仅是所有教师社会责任感、使命感的重要内容和时代内涵,而且是教师劳动价值的最高体现。教师必须自觉地为民族振兴培养新一代创新人才贡献聪明才智,并将其作为教师劳动成就感的最高标准。这也是新的历史条件下教师素质培养与提高中必须特别重视的内容。

3.把塑造创新人格作为最高道德标准。教师都必须具有良好的职业道德,它要求教师热爱教育事业、敬业爱岗、乐于奉献等。随着经济社会的发展以及教育功能等方面的新变化,教师的职业道德标准也在不断变化和提升。未来经济社会的发展要求把塑造创新人格确定为教师职业道德的最高体现。作为创新人格塑造的具体化,其主要内容表现为:教师必须牢固地树立以人为本的教育理念,通过教师的劳动使受教育者具有全面发展能力,能适应未来经济社会的不断变化而有尊严地生活和工作。

"人的全面发展"是教育的终极目标,正是在这个意义上教育具有任何其他因素不可替代的独特作用。也正是在这个意义上,我们可以把教育过程看作是人的全面发展潜能开发的过程,是人的全面发展能力得到提高的基础工程,这是教育的社会功能乃至于本质的最重要的体现。这就决定了教师的劳动具有特定的社会价值,即教师的全部劳动必须服从于开发学生"全面发展潜能",并使之具有"全面发展的能力"这一最高目标,偏离了这一目标也就削弱甚至否定了教育应具有的社会价值。教育的这种社会价值也就是教师道德的客观标准。

教师的最高道德还体现在能为学生未来生活和工作奠定基础。这就要求教师要重视学生价值观的教育,不仅是具有健康的人生价值取向,而且具有正确的价值判断标准和较强的自我规范意识及能力;培养其自觉的法治意识、守法精神;注重于心理素质的培养并提高其对社会发展变化适应的能力;尤其必须把政治思想、道德伦理的教育放在突出的地位等。因此,努力提高所有教师的育人意识、注重提高其育人的能力,是教师素质培养与提高的一项重要任务。

4.正确处理好继承与创新、个性与共性的关系。

(1)处理好继承与创新的关系:面对时代的发展,尤其是新技术革命的挑战,我国面向21世纪的人才不仅要继承人类科学文化的优秀成果,更要有创新精神和能力。只是让学生掌握人类已经形成的知识和一些现成的结论是不够的,更重要的是让学生掌握这些知识是如何被发现的,这些理论是如何获得的,以便启发他们去创新。

继承和创新是对立统一的关系,继承是创新的基石,创新教育也必然是在对传统教育扬弃的基础上进行的。我们不能因为创新而抛弃好的教育传统和教学方法。同时不能把创新与继承对立起来,即使是优秀的传统教学方法也是提倡创新的,如启发式的原则、循序渐进的原则、教学相长的原则、因材施教的原则等,也要随着时代的发展赋予新的内容。

(2)处理好共性与个性的关系:传统的专业教育过分强调共性,按照单一的模式要求均衡发展,把优良的考试成绩作为教与学的唯一目标。统一教材、统一教学内容、统一教学组织形式、统一教学方法、统一标准答案,按照完全统一的规格进行培养,所培养的人才成了同一模式的复制品,就忽视了个人兴趣、爱好和天赋特长。把"个性"等同于"个人主义",把发展个性与目无组织纪律、自由散漫相提并论,个性问题成为理论研究的禁区。人的个性发展受到严重制约,培养的学生千人一面、没有个性,扼杀了学生的创造潜能。很显然,这既不符合教育规律,不利于人才的成长,特别是创新型人才的发现和培养,也不利于高等教育的发展。可以说,这样的教育模式无异于泯灭个性、扼杀创造,与现代的创新教育观是相矛盾的。

5.科学揭示创新人才成长规律。作为教师都想把自己的学生培养成高素质的人才,并以此为目标在各自的岗位上辛勤耕耘,无怨无悔,表现出高度的社会使命感、责任感。但现实或结果常常使许多教师陷入痛苦的境地,因为良好的、辛勤的劳动并不总是能得到预想的结果。例如,课堂上教师总是想多讲一些知识,但学生对"填鸭式"的课堂教学常常表现为没有兴趣,甚至对教师失去亲和感;教师想通过布置大量的习题使学生对所学的知识加以巩固,但许多学生表现出越来越强烈的负担感,以至于产生厌恶的情绪;教师想通过考试并按分数排队来激励和刺激学生努力学习,但结果导致许多学生产生逆反心理乃至心理扭曲等。

当前在部分学生中表现出来的诸如心理扭曲、行为失控甚至恶性事件等令人忧虑的现象都是我们所有教师始料未及的,这无疑是对教师提出的严峻挑战。究其原因,显然又是十分复杂的,但一个根本性的问题就是我们教师缺乏对人才成长规律的研究,缺乏对新的历史条件下教育教学规律的研究,集中到一点是缺乏对我们的教育对象的研究。因为缺乏科学的研究,我们的教育教学行为及过程常常具有较严重的不合理性、非科学性,甚至背离了客观规律。这就是我们学校教育中存在的新的矛盾,也是我们教师面临的新的困境。要解决这一矛盾、走出这一困境,虽然也取决于诸多因素的共同作用,但关键在于教师必须注重研究人才成长的规律,认真探索教育教学规律的新特点,尤其是要对自身的教育对象进行科学的研究。只有如此,我们的教育教学行为才能符合客观规律。我们美好的动机、善良的出发点才能达到预想的结果。

6.注重学生知识的整合和内化。创新型人才的重要素质之一就是知识的综合性,这也是综合素质的重要内容以及实施素质教育的重要目标。但知识的综合性并不能简单地理解为一种机械的拼凑,或者表现为各种不同的知识板块的机械组合,而应当理解为对各种不同知识的一种整合能力、内化能力,表现为知识的融合性、渗透性。必须要明确,学生知识整合、内化能力的培养不是传统的"专业"叠加,即"专业+专业",也不是狭义的专业再加局部的综合,即"专业+综合"。如果把学生知识的综合化仅仅理解为学科知识的叠加,其结果往往容易造成学生课程及作业负担的加重。

尽管对学生知识整合、内化能力的培养也是一项系统工程,需要教育的综合改革,尤其是课程结构、课程内容等方面的改革,但教师在教学过程中是否具有各种学科知识的综合、整合、渗透能力是最为重要的方面。显然,素质教育、创新人才的培养不仅要求教师素养的综合化,而且要求教师在教学过程中迅速提高知识渗透、整合的能力。

(二)有利于创新的环境

创新能力的培养取决于宽松、有利的环境,它是创造性产生的重要外因。心理学家普遍认为,环境刺激引起认知解释,认知解释引起唤醒的知觉,唤醒的知觉导致情绪体验。

1.营造有利于创新的社会环境。国外某心理学家认为,创造性是由主体生活在其中的那种"社会气氛"即"创造性环境"培养出来的。培养创新能力必须营造一个崇尚创新的社会环境和社会氛围。要在全社会营造出有利创新、鼓励创新的环境系统,就要在以下三方面下功夫:

第一,正确处理好教育行政部门与学校之间的关系。在我们的教育管理体制中教育行政部门对学校管得太宽、太死,学校缺乏一定的自主权,只能在统一规定的教育模式中运行和发展,这在一定程度上阻碍了学校自身创新性的发挥,不利于学校按自身特点培养创新性人才。

第二,利用有效的舆论手段引导全社会形成对人才的正确认识,在全社会形成尊重知识、尊重人才,特别是重视知识创新、技术创新以及创新人才的社会风气,只有在这种有利于创新的社会风气中才会促使人们求知欲的发展、激发人们的创新兴趣、鼓励新思路的开拓。有必要通过政策及法律法规的制订来促进和保护人们的创新激情和创新成果,如进一步健全知识产权法。制订创新人才培养政策和创新奖励政策等,全面推进民族创新风气的形成。

第三,建立由知识创新和技术创新的相关机构和组织构成的国家创新体系。它由科研机构、高等院校和其他一些教育培训机构组成,其主要功能在于促进知识创新和技术创新以及知识的传播和应用,具体包括创新资源的配置、创新活动的开展、创新制度的建立以及相关基础设施的建设等。

2.营造有利于创新的学校环境。学校是知识传播、知识创新、人才培养的主阵地,学校环境对创新人才培养有着熏陶与潜移默化的感染作用。

(1)校园精神的培育:校园精神是一所大学始终如一保持着的学术传统和办学理念,是几代甚至几十代的积累传承下来的习惯力量。世界一流大学都非常注重形成和培养自己的学术传统和学术精神,并以这种学术传统和学术精神熏陶着一代代学子。国外著名某大学长期以来形成了注重学识渊博与学术自由、重视知识的内在价值、强调发挥个人才智和潜力的传统,这种学术传统熏陶了历代剑桥学子,使他们不仅学术功底深厚,各方面的能力尤其是质疑创新能力也出类拔萃,因而其成为诺贝尔奖获得者的摇篮。国内某知名大学在一百多年的办学历程中形成了爱国、进步、民主、科学、学术自由、与社会相结合等多方面的优良传统,在治学上体现了执着、宽松、厚重、为先的精神,这对学子无疑是一笔宝贵的财富。因此,每所大学都要注重培养以文化底蕴为基础和内涵的校园精神,使学生在校园精神的熏陶下成长成才。

(2)社团作用的发挥:学校里各种社团是人才成长的一个重要的团体环境。大学生社团是大学生基于一定的兴趣、爱好、特长而建立的非正式群体组织。学校应该鼓励和引导社团的组织与发展。因为现代科学向纵深、综合、交叉发展,个人的知识、见解总有局限,而群体之间的讨论会相互启发,产生"碰撞中的火花",尤其是在不同专业、不同特长、不同层次的学术个体之间。

（3）教学环境的营造。

①课堂教学环境：课堂教学环境应该是一种宽松的自由的环境，不应该成为老师的"一言堂"。课堂教学是一个启发、培养学生创造意识的重要场所，教师必须注意以下两个方面问题，一种是把传授知识与培养创造能力结合起来；另一种是把创造思维的方法训练引入教学过程。笛卡儿曾经指出："最有价值的知识是关于方法的知识。"而思维方法是各种方法的核心，是区分智力高低的标志。一流的大学、一流的师资和一流的教学环境，其学生必定在专业领域内更具创新性，更善于深思熟虑，更具有分析批判和洞察力。

②评价机制：从学生的角度而言，评价机制就是对学生学习效果的评价。现行的评价机制实际上仍然是以学生考试成绩作为依据，严重忽视了每一个学生个体自身的独特性。其实，每一个学生的特点都是不一样的，不能以考分作为唯一的标准对他们进行排位。教师必须转变观念，控制个人的好恶，承认每一个学生个体的差异，并尊重他们的个性，承认每一个个体的潜能，从而激发出他们的创造性。要改变长期以来重理论轻实践、重知识轻能力的观念，建立起一种开放的、多元的、特殊的评价机制。正如某知名教授所言，以学生为中心、以学生成败为评价标准是一项系统工程，要全方位地注意保护学生的个性，发挥他们的特长，培养他们的创新意识和创新能力。

（4）营造有利于创新的科研环境：从社会心理学角度看，人们都有一种从众心理，如果有少数人在搞科研，就会带动一部分人；如果有一部分人在搞科研，就会带动一大批人。科研应该有组织、有方向。组织是多方面的，可以是兴趣小组也可以是科研协会，还可以是课题组等。对一些优秀的学生可以采取倾斜措施，实施有目的、有重点的培养。

三、完善创新能力培养的措施

（一）搭建创新能力培养平台

基于素质教育平台之上的创新能力培养才能体现系统化、规范化和科学化。

1.素质教育是充分开发受教育者潜能的教育。对人的潜能的开发实际上就是更充分地利用和优化人自身的自然潜质。素质教育正是凭借教育手段来充分利用和优化受教育者自身自然潜质的主要途径。

2.素质教育是以社会文化塑造社会合格成员的教育。充分开发人的潜能只是素质教育内涵的一个侧面。事实上，个体在后天的现实发展不可能而且不应该只停留在实现人类进化所积累的潜能这一水准。促进人的发展不仅依赖于对人的身心潜能的充分开发，而且依赖于以社会的物质和精神文化对个体的"加工"和"塑造"，使其获得新的本性、新的特质，这是素质教育的又一重要侧面。素质教育这一侧面的含义与"个体社会化"的概念基本相同。

在特定的社会与文化环境中个体形成适应于这一社会与文化的人格（或个性）及掌握社会所公认的行为规范与方式的过程就叫个体社会化。这是通过个体与社会环境相互发生作用而实现的，是社会行为规范与方式内化到个体身上的过程，也是把一个生物人转化为社会人的过程。

从个体成长发展的过程看，要使一个人成为一个社会人就必须通过教育对其本能加以调控，使其符合社会的规范。素质教育的重要职能正是要把一个人从生物个体培养成具有独立生活、独立工作且能在特定社会条件下接替社会空缺、完善和发展社会生活的人。

（二）完善培养措施

1.构建富有创新性的教育教学管理体制。

（1）通过改革从体制上确立起教学和科研在学校全部工作中的中心地位：大学以教学科研为中心，这是不容置疑的，但近几年的实际工作中大学并没有完全保证教学科研的中心地位。具体表现在机构设置和后勤管理体制的行政化，造成了只对上负责和服务、办事效率低下、服务功能不强，在收入上也未能体现教学科研的中心地位。因此，改革的方向要进一步明确，首先要精简行政机构、理顺各部门职能，干部选拔要引入竞争机制。通过改革增强干部、后勤人员为教学科研的服务意识，提高服务水平。

（2）通过改革构建适应创新教育要求的现代化教学管理模式和教学管理手段：创新教育环境的形成是实现创新教育的前提，创新教育要求建立符合实现创新教育的教育、教学运行机制，它包含了现代化的教学管理模式和教学管理手段,这种模式和手段无不体现教育的创造性和开拓性,它为创新教育的实现创造了前提。目前多数院校的教学管理模式和教学管理手段的特点还是整齐划一、无个性的学年制模式和靠落后的经验进行教学管理,因此阻碍了创新教育的实现。要构建创新教学管理模式和教学管理手段,一种是要实现完全意义上的学分制;另一种是要构建现代化的教育和教学管理手段。

2.构建适应创新教育要求的课程体系和教学内容。学生创新能力的培养主要是通过富有创造性的课程体系和教学内容的系统教育而实现的。构建创新的课程体系和教学内容就是要克服目前专业设置和课程体系的专业口径过窄、课程体系固定死板、只着眼于把已给定的知识灌输给受教育者的缺陷。

第一,要根据大学的各自特点,依据国家教育部颁布的本科专业目录构建完全学分制课程体系和教学内容,要体现创新、加强基础、压缩课时、扩大选修课比重、避免重复,而必修课时每周不应超过20学时。要鼓励教师创新性教学,鼓励学生通过自主的选课机制形成富有创新个性的专业知识结构和文理渗透、理工结合的文化素质。

第二,教学方法要体现创新性:一是要鼓励教师创新教学方式,课堂教学要改变传统的灌输式讲课,并以启发训练学生创新思维为目的;二是学生的作业、考查、考核应以锻炼和检查学生的创新能力为主,注重对学生动手能力和创新思维的培养和考查;三是注重多媒体教学的实施,激励教师积极运用现代教育方法进行教学,如对运用多媒体教学的教师其工作量加倍计算等。

3.建立和培养一批富有创新性的教师和教学管理干部队伍。教师是教育的主体,教学管理干部是教育实施的组织者和引导者。在创新教育体系中教师的创造性教学应占主导地位,富有创新性的管理干部则是教师发挥其创造性的重要保障。因此,实施创新教育体系措施如下。

(1)要构建一支富有创新性素质的师资队伍:首先,要提高教师的创新能力和科研水平,减少教师的工作量,使教师有时间去进行科学研究、提高学历、访学进修,以更新知识结构,研究教学方法,提高创新性教学水平。只有创新水平较高的教师才能教出创新能力较强的学生。然后,通过选课制度、教学评估和督导制度、人事制度改革等手段,在教师队伍中形成竞争上岗、动态流动机制,促进教师不断更新知识结构,提高创新性教学的积极性和紧迫感。

（2）要培养一批富有创新精神的教学管理干部队伍：教育教学的评价机构对实施创新教育体系具有重要作用。如果教学管理者不能对创新性教学做出科学的评价，就会挫伤教师的积极性。教学计划的制定、教学内容的改革、教学过程考核无不包含着管理者的心血。因此，教学管理干部必须具备较高的创新精神并积极地用于教学管理实践，大力支持教师在创新教育中采取的各项措施，并对教师在创新教育中出现的预想不到的事情采取宽容的态度。

4.建立科学的评价体系。评价是教育管理中实施控制的特殊手段，是教育管理的重要环节。某教授说："传统教育制度不利于培养创新人才的弊病，反映在评价体系上采用简单划一的方式，未能反映出学生真实全面的水平和能力。"还有学者在分析高等教育的教学现状时尖锐地指出："教学观念落后，不利于学生学习能动性的发挥；教学模式单一，不利于学生个性发展和拔尖人才脱颖而出；教学方法过死，满堂灌，注入式的现象基本没有改革；考试方法和考试内容引导学生死读书本，对学生的评价主要以课程考试分数定优劣等，束缚了学生的创新意识和创新能力。"因此，建立科学地评价教师和学生的标准不容缓。

第六章　高校创新型人才培养的任务

第一节　营造良好的文化环境

一、加强文化与科技创新的互动

文化是科技进步的母体,是经济社会发展的先声,文化与科技创新的互动作为近代文明演进的主旋律在当代经济和社会中扮演着越来越重要的角色。历史经验表明,文化影响着科技的生成、发展与传播,影响着创新的进程和结果。

先进生产力的出现不以人的意志为转移,它往往在最适宜的文化环境里实现突破。一个社会的文化氛围不仅影响着科技知识和成果的出现,更会影响到科学知识的传播以及科技成果向现实的转化。工业化的历程告诉我们:越是创新活跃的地方就越容易形成产业革命的广阔舞台,越容易形成创新集群以及各类资源汇聚的经济中心,一旦丧失创新活力就会面临着在竞争中出局的危险。

所以,一个社会越是希望科学技术健康发展,越是希望新的科技革命、产业革命走向成功,就越应该关注如何营造良好的、有利于创新的文化环境。

二、再造我国的创新文化

科技在我国的命运是对创新与文化互动的一个最好的诠释。文化的繁荣与起伏深刻地影响着科技的发展,在人类文明的进程中,我国文化的繁荣与起伏对世界文明产生了重要而深刻的影响,一些重大的发现和发明影响了人类文明的进程,先哲们在认识自然现象中归纳整理出来的整体视角、辩证思维、因地制宜等认识方法不仅为天文学、医学、农学、工学等方面的发展提供了思想和方法基础,而且表现出令人叹为观止的后现代性。从先秦诸子的天人之辩到汉代董仲舒的"天人合一",再到宋明理学家的"万物一体"论,整体、和谐、统一的思维方式贯穿于古代思想历史的全过程,传承了数千年的中医学正得益于这一精深文化的滋养。当代科学已达到了一个分水岭,融合可以开创一个新的复兴。这个复兴基于科学技术的整体观,意味着传统文化中某些思维方式和价值取向可能会重新焕发其生命力。

不可否认,长期的封建帝制对人们思想的强大禁锢力,历代王朝对新兴产业和科技成果的出现也往往视而不见;传统文化中讲求中庸、偏重实用的思维习性,与近代科学执着于理性和实证探讨以及追求启蒙,实现大众理想、人格自律的模式有着不一样的思想传统;明代以后,当局者推行闭关锁国政策,关闭了国人与世界交往的大门,使我们与世界科技发展和工业革命失之交臂。正是因为在新科技知识和工业革命面前闭塞耳目、鲜有作为,饱尝了诸多苦果,历史的教训令人刻骨铭心。

今天,越来越多的人已经预见到在未来30年到50年的时间里世界科学技术会出现重大原始性创新突破。信息科学和生命科学将是发展最迅速、影响最广泛的科学领域;信息技术、生物技术、空间技术、新材料技术、先进制造技术、洁净高效能源和环境技术等将不断取得新的突破;人类将继续拓展对宇宙空间、海洋、地球深部的研究探索,将更加注重人、自然、社会的协调发展;对物质世界本质的不懈探索和对数与形及其逻辑推演规律的研究仍将是科学界最感兴趣的基本问题。未来的科学技术很可能在信息科学、生命科学、物质科学以及脑与认知科学、地球与环境科学、数学与系统科学乃至社会科学之间的交叉领域形成新的科学前沿,发生新的突破。现代科学和技术所引发的重大原始性创新导致的生产力根本变革也必将导致全球生产关系的全面调整和利益格局的重新分配。这种高速的变革使得先进的国家不可能在所有的领域都能占据绝对的支配地位,后起的国家在某些领域还有可能具备不可替代的独特优势并产生突破。抓住这样的历史机遇对于中华民族的伟大复兴具有十分重要的现实意义。

历史告诉我们,任何一个技术创新活跃的时代无一例外都伴随着人文创新的导引。有了先秦诸子百家的学术争鸣才有了两汉农业文明的成熟;有了魏晋时代的思想解放才有了唐宋经济的繁荣;有了宋明理学和人性学说的矛盾冲撞才有了康乾盛世的歌舞升平。今天,突破传统文化中的相对僵化和保守、重构有利于创新的文化氛围、再造我国创新文化的辉煌对于国家科学技术的健康发展、对于我国经济社会的持续繁荣、对于中华文明的传承与弘扬具有十分重要的意义。那么,如何再造中国创新文化呢?

(一)树立"以人为本"的科学理念

与一般生产性活动最大的不同之处在于创造性活动及创造性成果的出现更多地体现在人们思想火花的迸发,这与文学、艺术等领域是相通的。顶尖人才在创新活动中具有不可替代的作用,往往几个顶尖人才的水平就能决定一个研究集体在国际竞争中的位置;重大科技项目的成功关键也在于顶尖人才的选拔和使用,在当今时代的创新活动中人才的创造性意义和决定性作用更加突出。

因此,坚持"以人为本"的创新理念就要认真领会"人才资源是第一资源"的深刻含义,转变"见物不见人"的观念,把发现人才、培养人才、吸引人才和稳定人才的工作做好,让人才的创造性得到最大程度的激发。

(二)造就开放的科学环境

现代科学越来越趋向于复杂和综合,许多重大科学成就的取得往往都是来自交叉和边缘学科,同时科学与技术的互动、自然科学与社会科学的相互渗透、国家之间的科技交流与合作,这都已成为当今科技发展的重要特征,因此,以合作与竞争互动为特征的科学家群体已经成为当今科学研究的主导性力量。

在当今大科学研究、交叉学科研究已成主导的情形下,在科学研究国际化的趋势下,造就开放的科学环境应当是我国再造创新文化的重要内容。

(三)倡导追求真理、宽容失败的科学思想

对真理的执着追求是决定原始性创新取得成功的精神条件,而怀疑和批判则是一切创新活动的基本出发点。科技事业的真谛在于追求真理,今天的科学春天是无数科学家始终如一、执着追求、无私奉献迎来的。不断开放的环境与不断更新的知识就要求我们永远保持一个"在真理面前人人平等"的社会文化氛围,这也是我国科研活动面临的现实问题。一个平等参与、公平竞争的文化环境对于我国的科技发展极为重要。由于知识更新加快,新一代人才从小学到大学,到研究生,他们的知识结构已经更新了几个轮回。在这种条件下,人们对在小生产条件下形成的对权威的崇拜会进一步弱化。

我们应该尊重科学和科学探索的规律,创造出一个"在真理面前人人平等"的文化氛围,既不以权威压制人、不以名望排挤人、不以资历轻视人,又要鼓励学术争鸣、保护不同意见、宽容研究失败;更不能求全责备,要鼓励年轻人大胆探索,坦然面对失败。

(四)关心、支持创新失败人才

一切事物都是作为过程出现的,创新实践尤其是这样,要经过创新、失败、再创新、再失败、再创新……才能到达成功。科研成功率平均不到10%,而失败却在90%以上。怎样看待创新失败人才是检验一个领导者卓识与无知、成熟与幼稚、宽厚与势利、正确与错误政绩观的试金石。要积极建立鼓励创新,允许失败,爱护、支持创新失败人才的机制和制度规定,为创新失败人才营造宽容、和谐的心理氛围。

创新失败后要及时解除他们的精神压力,帮助总结经验教训,鼓励继续研究,并予以足够的经费和条件保证。失败人才也要"善败不乱",吸取经验教训,鼓足勇气,转败为胜。要提高对创新失败的认识,看到失败者的功劳。

失败既是一笔精神财富,是照亮走向成功的智慧石,又是特殊形态的成果,为成功提供了物质基础和条件。只奖励成功者、不接受失败者是不公平的。

创新失败人才,他们在创新过程中付出了巨大的有形、无形资本,我们应该给予跋涉在崎岖创新路上的勇士以鼓励和支持。这样做可使众多的创新失败人才不会因害怕失败而踌躇不前、半途而废,从而出现自主创新的持续热潮。

第二节　造就科学高效的创新型人才队伍

遵循社会主义市场的经济规律和人才发展规律及健全人才管理体制是造就科学高效的创新型人才队伍的根本保证。要提升大学的创新人才培养能力,推进现代大学制度建设、完善学校内部治理结构;建设一流师资队伍,用新理论、新知识、新技术更新教学内容;完善高等教育质量保障体系;推进高等教育分类管理和高等学校综合改革,优化学科专业布局,改革人才培养机制,实行学术人才和应用人才分类、通识教育和专业教育相结合的培养制度,强化实践教学,着力培养学生的创意创新创业能力。

深入实施中西部高等教育振兴计划,扩大重点高校对中西部和农村地区的招生规模。全面提高高校创新能力,统筹推进世界一流大学和一流学科建设。

提高人才队伍整体素质是培养造就大批创新型高层次人才的关键。目前,我国人才队伍素质与经济社会的快速发展还没有完全适应,人力资源中人才资源仅占5.7%,人才资源中高级人才仅占6.5%,高级人才中创新型人才、国际化人才相对匮乏,与转变增长方式的要求差距甚大。

要解决这一问题,首先,要优化人才结构,合理配置人才资源。我国人才资源的结构、配置不合理,一方面表现在人才总量跟不上经济社会的快速发展;另一方面有许多产业行业人才闲置,相对过剩。科学的人才结构与经济结构应该是紧密的统一体,既各自相对独立又相互制约、相辅相成。人才结构与经济结构的互动应事得其人、人适其事,既保障经济的发展又促进人才队伍的建设。

随着产业结构的调整而调整人才结构、优化人才资源配置。要优先保证"鼓励发展类"行业产业人才的量与质,限制"限制发展类"行业产业的人才配给,消减"淘汰类"行业产业的人才,有计划地向鼓励类调配,优化调整人才队伍结构。

调整高校的人才培养方案是造就科学高效的创新型人才队伍的重要内容。这些年来我国高等教育重视规模扩张、学校升格，却忽视从社会需求出发培养人才，直接导致了对劳动力市场快速反应能力的欠缺。

全国有几千万名高校毕业生需要就业，现存的或潜在的矛盾，根本问题是专业设置不适应社会需求且与经济发展脱节。有的专业严重供大于求，有的专业严重短缺，再加上课程落后、知识陈旧致使社会急需的知识型创新人才、技能型创新人才、管理型创新人才非常短缺，影响了高等教育的办学成效和社会服务能力，因此高等院校应从战略高度制定创新人才培养方案，落实行动计划，建立高层次的人才培养基地，做到师资优化、设备先进、教学优秀、质量第一；发挥已有博士点、硕士点的作用，培养品行好、基础厚、知识广、能力强、素质高的创新人才；联合科研院所培养具有战略眼光与卓越才能的专家人才。

营造创新人才健康成长的社会环境使创新人才的创造能力得到充分发挥。时势造英雄，环境育人才。营造以人为本的人才环境，提倡尊重知识、尊重人才、尊重劳动、尊重创造，其核心是尊重劳动，本质是尊重人才，目的是发展创造。尊重人才首先是要尊重人，对人的尊重是一个完整的理念，只有先尊重人才能完整地尊重人才。

营造人才创新的社会环境，首先，要保障创新人才的自主权。科学发现、技术发明、自主创新与一般的生产活动不同，它的主体是发明家、科技人才，若主体失去了自主权则无法创新。因此，为创新主体的主体意识火花竞相迸发营造良好氛围，对创新人才进行自主选题、自主探讨、自主研究和培育原始创新成果至关重要；其次，要促进学术的开放交流，使科学与技术互相促进、自然科学与社会科学互相渗透、地区与国际之间交流合作；建立保障创新领先者权益的政策环境，倡导追求真理、勇于创新、不怕失败的科学精神；营造宽松、和谐、生动活泼的人文环境，使创新人才在自由的学术氛围中获得一个良好的精神生活；建立与创新劳动、贡献相适应的收入分配机制和激励保障机制，为创新人才提供良好的工作条件和物质生活环境。

第三节 实施青年科技创新行动

在经济全球化和知识经济时代,人才已经成为最重要、最宝贵的战略资源。谁拥有的人才数量越多、素质越高且人才作用发挥越充分,谁就能在激烈的国际竞争中处于有利位置。

一、实施青年科技创新行动的重要性

我国是人口大国,拥有丰富的人力资源。但是,目前我国的人力资源能力建设与社会经济发展要求还不相适应,人力资源的潜在优势转变为现实的人才优势的任务还很艰巨。如何把丰富的人力资源优势转变为现实发展的优势来为现代化建设提供有效的人才保障,是当前和今后很长一段时期必须解决的重要战略问题。

青年人才是国家的未来,青年人富于理想、充满热情、满怀抱负、有志在伟大的创新实践中建功立业。他们接受新事物能力强,能快速掌握和运用新知识、新技能,在科技创新等方面表现出明显的优势,在人力资源开发中的优先地位应该得到重视。培养青年科技创新人才是面向未来、建设创新型国家、实现国家战略的一项非常重要的内容。

开发青年人力资源的过程是一个提高人的素质、挖掘人的潜力的过程。实施青年科技创新行动应从强化青年创新实践、培养创新精神、提高创新能力、营造创新氛围入手来全面提高青年的素质,推动青年人力资源转化为青年人才资源。要遵循人才成长规律,最大限度地开发他们蕴藏的巨大潜能、最大限度地调动他们的积极性和发挥他们的创造力,使广大青年为建设创新型社会作出新的贡献。

二、实施青年科技创新行动的方式与过程

青年是人生成长成才的关键时期,是创新意识培养和创新能力形成的重要阶段。

要实施青年科技创新行动,团结凝聚高层次的青年科技人才,为他们施展才华搭建舞台,就需要做好以下几个方面的工作:一是建设有利于人才成长的

教育培养体系,为青年创新人才成长打好基础;二是通过促进青年科研人员与产业相结合,为推动科技进步和经济发展做出贡献;三是以开展广泛的群众性青年科技创新活动,营造良好的创新氛围,来增强青年人的创新意识和创新能力;四是建立青年科技创新行动项目化、社会化的运行机制,使科学研究与成果转化相结合。

要积极鼓励广大青年在实践中大胆发明创造,从而推动科技创新事业的发展。

可设立青年科技创新创业等奖项来激励青年在基础科技领域大胆创新、鼓励技术创新和科技成果的转化应用;定期举办青年科技论坛,使之成为孕育、传播新的科学知识的重要阵地;利用当前应用类科研院所转轨转制和经济结构调整的大好机遇,鼓励广大青年科技人员不断地开发具有自主知识产权和市场竞争能力的产品或服务,为推动国民经济持续、快速、健康发展发挥更大的作用;为青年科技人才开发拥有自主知识产权的产品提供服务。

在企业,以"创新创效"为主题,以青年科技人员为主体,以市场为导向,以产品、工艺、技术创新为基本内容来组织广大青年积极参加技术创新活动,以青年岗位能手活动为载体,广泛开展群众性技术创新活动。

在农村,以提高农村青年科技文化素质为重点开展培养星火带头人活动。鼓励青年大力领办科技推广项目,创办科技示范基地(园),形成项目、基地与服务组织相结合的农村青年科技服务体系。

在大中学校,要培养学生的创新意识和实践能力,实施大中学生素质发展计划。开展大学生主题设计竞赛,扩大参与面,推动课外学术科技活动氛围的形成,帮助青年学生提高创新能力。开展科技知识的学习传播活动,在全社会营造科技创新的良好氛围。

通过建立读书俱乐部和青年读书沙龙、编写科技丛书、举办科技节,建立科技广场及科技教育、示范基地等,使科技走近青年,以提高他们的科技知识素养,增强广大青年乃至全社会的科技创新意识。

引导广大青年学习现代科学理论,明确技术创新和企业经营的努力方向和价值取向。

充分发挥现代传媒作用,运用电脑网络和新闻媒介来广泛介绍国际国内科技经济的发展现状,介绍科技成果在经济领域和现实生活中的应用,展望现代科技发展趋势及其对人类社会生活的影响。

通过多层次的科技学习和传播行动来推动全社会对科技创新工作的关注和支持,形成学科技、用科技、推动科技发展的良好局面。

发挥组织优势来促进科技成果的推广和应用。利用共青团、青联、科协等组织团结、凝聚青年人才,为青年科技工作者提供咨询、论证等多种形式的服务,形成联系青年科技工作和企业的纽带。

建立青年科技创新行动网页,以形成汇集科研项目、成果、科技人才的信息,促进全社会创新资源的优化配置。

通过科技成果转化、应用的中介服务组织及网络来提供市场信息分析、市场预测、风险评估等服务,营造有形的技术成果交易市场。

组织青年科技成果博览会、技术交流会和信息发布会,以促进科技成果的推广和应用,加快科技成果的商品化、产业化进程。

积极推动科技和经济结合,鼓励引导青年科技工作者创办企业或通过多种形式与企业合作,走产学研结合的道路。

实行项目与人才的对接机制,帮助青年企业经营管理者和青年科研人员选择具有市场开发前景的科研项目进行孵化催生,促使科研成果转化应用。组织青年科技工作者以招标和引荐方式为企业的技术攻关和地方经济发展提供服务。

可建立激励机制,争取社会资源,设立"青年科技创新奖"和"青年科技创业奖"专项奖励资金,对在科技发明和科技成果转化等方面取得显著成绩的青年科技工作者进行奖励,对青年科技创新组织的突出成绩予以表彰。

加强阵地建设,在科技馆、博物馆、科研院所、大专院校及高新技术集中企业,命名一批青年科技创新行动教育(示范)基地,面向青少年开展科技创新教育,为科技教育工作研究提供服务,为青年的创新实践服务,为推动科技产业化、促进科技与经济的结合发挥示范带动作用。

争取政策支持,在条件成熟时建立青年科技工业园区。设立青年科技论坛,对经济建设和社会发展中的相关问题进行研讨,为青年科技创新成才的脱颖而出搭建舞台。

第七章　高校创新型人才培养模式探索

第一节　高校创新型人才培养模式内涵概述

一、创新型人才培养的基本内涵

随着知识经济时代特征的不断显现,人们进一步认为人力资源的数量和质量,特别是质量是促进人类社会可持续发展的根本动力。人到底应当具备怎样的质量内涵和特征,则成为人们关注整个知识经济时代不能忽视的一个前瞻性问题。没有对符合未来社会发展需要的人才特征的深刻认识则不可能有相应的教育准备;没有相应的人才作为依托来迎接知识经济时代的挑战也只能是纸上谈兵和天方夜谭,知识经济时代也不可能真正到来。未来社会区别于以往任何时代的最重要的特征就是不断创新,那么不断创新自然也就成了符合社会发展需要的创新型人才最基本的标准。以这一标志为起点和归宿所演绎出来的人格特征、能力结构、知识水平以及人文与科学素养则构成了高校创新型人才的基本内涵。

二、创新型人才培养的要素分析

高校创新型人才最本质的特征就是要具有点石成金的创新能力,能够在所从事的研究领域和工作范围内运用自己的知识、智慧和能力不断开展创新活动,产生有益于经济发展和科技进步的新观点、新思维和新方法。

(一)健康向上的人生价值取向

创新不仅是知识经济时代经济发展、财富增长的源泉,也是知识经济社会全面发展、文明进步的重要推进器。依靠创新实现社会进步、民族振兴是知识经济社会最为显著的特点,因此创新不仅具有重要的经济价值功能,而且更为重要的是具有促进社会发展与进步的重大意义。这就决定了创新人才必须把创新潜能的开发、创新能力的提高并由此推动社会的发展与进步作为人生的最高价值目标,把创新精神、创新能力作为自身素质的最本质的体现并以此作为人生价值的新境界、新追求,在创新与社会进步这一层面上找到并实现人生的意义。这是知识经济时代创新人才所具有的健康的人生价值取向的最为本质的内涵。

作为创新型人生价值取向,包含如下几个方面的内容:

第一,创新不是在某种外力的驱使下对创新需求的被动应答,而应是一种内在品质的体现,是一种积极的主动的追求。创新已上升为一种崭新的人生价值观,成为人的真正意义上的"第一需要",同时体现为人的最高层次的内在需求,以崭新的时代内涵赋予人的自我价值实现。

第二,创新具有重要的经济价值,应当使所有的创新行为与经济发展的需要紧密结合,充分发挥并实现其经济功能,但又不能把创新行为仅仅局限于单纯的经济增长和短期经济利益目标,而应当实现其功能上的超越,即服务于社会的全面发展和人类的文明进步,服务于民族的根本利益。

第三,创新既不是单纯的经济行为也不是纯粹的自然过程,它是一种社会行为或者说是社会进步的过程。因此,任何创新的理念、行为、结果都具有十分重要的社会评价标准,这是创新型人才创新素质的重要内容。创新型人才只有牢固建立起一系列创新行为的社会评价标准,才能自觉地规范自身的创新行为,使创新真正为社会文明进步服务,为人类造福,而不是成为少数人掠夺财富甚至给人类带来灾难的工具。

作为创新型人才人生价值取向的体现还必须把个人的内在创新品质和追求与社会发展、人类进步的需求有机结合,并服从于社会与人类的整体需求;把当前的创新所具有的经济价值与社会进步、民族振兴的长远目标有机结合,并服从于民族振兴的长远目标;把个人的创新能力与创新行为的社会价值判断标准有机结合,并服从于社会的价值标准。

由这样的人生价值取向所决定的敢于创新、善于创新、自觉地提高创新能力并规范创新行为,不仅是一种高度的社会责任感的体现,而且也是一种崇高的献身精神,创新也是把自己的所有聪明才智、无限的创造潜能奉献于社会的全面发展、民族的振兴和人类的文明进步。

(二)勇于挑战的创新精神

科学技术发展到今天,在社会经济、文化、教育、生产经营等各个领域都已有较为成熟规范的理论体系,并积累了丰富的实践经验。要在前人的基础上提出自己独特的见解,产生自己的新观点、新思维和新方法,必须要有以现实为基础、勇于挑战的创新精神。

创新首先需要有创意,创意的形成是多种因素综合的结果并需要一系列的中间环节,而观察是创新活动最为重要的基础。因为只有通过观察才能发现不同事物的个性特点,通过对众多的现象进行归纳、发现把握其差异性和相似性,并在相似性与差异性的统一中产生联想。因此,对于创新型人才素质要求的重要内容之一就是必须学会观察,要具有科学的观察方法和较强的观察能力。

创意的形成还必须在观察的基础上进行独立的思考。独立思考首先表现为对观察到的材料(现象)和感性认识进行"去粗取精、去伪存真、由此及彼、由表及里"的改造制作过程,是由感性认识趋向理性认识的飞跃过程,或者说是由对事物的表象到对事物本质认识的质变过程。观察与思考相互联系、不可分割。没有观察,思考缺乏现实的基础;没有思考,观察就不可能升华,其结果也就不可能形成正确的认识。只有观察与思考有机结合,或者说建立在观察基础上的独立思考,人们才可能有真正的新发现、新认识、新见解,这是创意形成的直接基础。新发现、新认识、新见解直接决定着创新的对象(或目标指向)、创新的类型以及创新的方式。

在现实生活中,同一领域乃至同一事物创新的类型和方式千差万别,这在一定程度上正是基于人们在发现、认识、见解上的差异。因此,能否在观察的基础上获得新的发现、得到新的认识、形成新的见解,是制约乃至决定创新活动的类型、方式以及结果的关键环节之一,而这一切又取决于人们独立思考的能力。古往今来,"善思"在人才培养中一直处于目标的地位,是所有教育行为和过程的共同要求,也是所有创新型人才所具有的共性品质。在知识经济时代,"善思"既是创新活动的关键环节,是创意形成的直接基础,也是创新型人才的重要品质和素质特征。

新发现的获得、新认识以及新见解的形成不仅需要独立思考的能力,更需要善于挑战的勇气。挑战意味着对传统见解的突破,对已有认识的超越;挑战也意味着不断追求思想的解放,不固守已有的结论,不盲从别人的结论,不迷信经典和权威;挑战同时意味着敢想、敢干、敢于实践及敢于提出问题、敢于发表新的见解、敢于踩在巨人的肩膀上追求新的境界。创新就是对传统的突破和对现实的超越,没有敢于挑战、善于挑战的勇气和精神就必定墨守成规、因循守旧,也就不可能有所创新。因此,富于挑战精神和具有挑战勇气是创新型人才最为宝贵的品质和素质之一。当然,这种挑战性是以观察为现实基础的,不是主观臆想的;是经过独立思考的理性结果,而不是盲目的冲动。

(三)充分的知识准备

知识经济时代的创新需要充分的知识准备和知识体系的支持。知识经济就其本质来说是创新型经济,创新是其灵魂,但知识经济首先是以知识的生产、知识的积聚、知识的分配、知识的应用尤其是知识的更新为基础的,或者说知识经济首先是以知识为基础的经济类型,甚至可以把知识经济称之为知识化社会;另一方面,完整的知识及体系构成了创意形成和创新活动的重要基础,在一定程度上也决定着人们创新能力的大小。虽然知识水平并不能直接标示创新的能力,但创新能力的提高必须以知识水平的提高为基础,创新若得不到知识体系的支持必定是无源之水。

但是,创新所需要的知识支持绝不仅仅是对已有知识的继承、积聚和应用,而是需要知识的不断更新。无论是创意的形成还是创新的设计以及创新的活动都需要新知识、新原理的运用。因此,站在科学发展的前沿,努力实现知识体系的更新尤其是知识的创新,才能为创新提供更为有效的知识支持,也才能更准确地体现知识经济的本质及要求。

不仅如此,当代经济社会的发展早已出现了综合化的趋势,许多新事物的出现已表现为各种因素综合作用的结果,许多新问题的解决也已涉及经济社会发展的众多领域和诸多方面,因此创新也就表现为复杂的系统工程,仅仅依靠某一领域或方面的专门知识及技能已无法完成创新的任务,也不可能达到预想的创新目的。尤其对于许多重大的创造发明,只有综合运用自然科学、技术科学、社会科学、人文科学等多门学科的知识才能获得预想的效果。同时，只有多学科的交叉、渗透、融合、撞击才能迸发新的思维火花、形成新的观点、产生新的结论，从而提供创新所需要的新视角、新思路以及新途径、新方法。另一方面，知识的综合、学科的交叉、渗透也是知识创新的有效途径。知识创新从根本上说是依赖于社会的实践，但学科之间的互相借鉴、吸收能有效地产生新的知识点，乃至形成新的学科，其直接结果不仅使知识总量有了新的扩张，也使原有的学科有了新的发展，从而使整个知识体系不断增加新的内容。

（四）科学的创新观念

创新是一种科学活动，不仅要遵循客观事物运动、变化、发展的内在规律，准确地认识、把握客观事物的本质及未来趋势，而且要充分认识和遵循创新过程的客观规律。对创新规律的认识是随着人类创新活动的开展逐渐深化的，对创新规律的认识和把握程度从根本上决定了人们创新行为的自觉程度、科学程度以及有效程度。在知识经济时代，创新是社会进步的根本动力，科学地认识、遵循创新的客观规律是知识经济发展的内在要求，也是建立国家创新体系、实施创新工程的重要课题之一。

科学的创新活动需要科学的世界观和方法论，即运用马克思主义的唯物辩证法指导整个创新活动，同时综合运用各种科学方法建立起科学的方法论体系。

唯物辩证法告诉我们，人类的创新活动既具有一般的规律，在经济社会发展的不同时期创新又具有特殊的规律：创新的规律制约着人们的创新活动，决定着人们创新意识的形成以及创新类型、方式的选择，也决定着创新的效果。同时，创新又充分体现着人们的主观能动性，创新意识的强烈，创新潜能的有效开发，创新类型、方式的合理选择等，不仅能提高对创新规律的驾驭能力以及驾驭的程度，而且能加速创新的进程及有效地提高创新的效果。充分认识和发挥人们在创新活动中的主观能动性，辩证地分析和估计客观条件对创新活动的制约，是人类从创新的必然王国向创新的自由王国的质的飞跃。

创新需要广泛的科学支持，任何一项创新活动都必须建立在相应的科学知识体系、基本原理及方法的基础上。例如，理论创新首先需要认知科学的支持，技术创新离不开技术科学的原理和方法，制度创新必须以经济科学、管理科学等广义的人文社会科学为基础等。离开了诸多科学原理、方法及知识体系的支持,创新就失去了科学的基础,就会变成一种盲目的活动,甚至会成为一种破坏性的行为。

尽管各门科学的原理、方法及知识体系本身也在发展,也需要创新,固守传统的乃至陈旧的科学原理、方法及知识体系只能束缚人们的创新活动,但在科学发展的某一时期并就某一阶段具体的创新活动而言,科学对创新的支持是稳定的、有效的。正如充分的知识准备对创新活动具有十分重要的基础作用一样,一定阶段的科学原理、方法及知识体系对创新活动的科学化同样具有十分重要的基础作用。创新以一定的科学发展为基础,同时必须接受科学的检验。

必须牢固确立创新是科学的观点,并以此规范人们创新的意识和行为。要求创新型人才必须具有崇尚科学的精神,具有科学的创新态度,掌握科学的创新知识和方法,从而遵循创新的客观规律,不断提高创新的科学化程度。

第二节　高校创新型人才培养模式的基本架构及运作机制

一、高校创新型人才培养模式的基本架构

创新型人才培养模式是以获取知识为基础,以开发智能为手段,以发展创新能力为核心,以提高综合素质为目标的高校人才培养体系。它体现的高校人才培养活动结构框架和活动程序为:学生通过专业教学活动和其他教育活动获取、积累和整合知识,构建合理的知识结构和能力结构,在此基础上,最大限度地发挥自身潜能,特别是思维能力,发展自学能力、表达能力、实际操作能力、科学研究能力、组织管理能力和社交能力等,再通过知识和能力的升华来内化为自身素质、培养创造性思维能力和创新能力。其中,上述的能力又集中体现为创新能力。在创新型人才培养模式中素质是人才培养的灵魂和根本,素质的培养要着重造就学生的创新品质和创新精神。

高校创新型人才培养模式是按照知识、智能、素质协调发展的要求构建起

来的,它是高校人才培养现实的再现或抽象概括,来源于高校人才培养实践,又指导高校人才培养活动,知识、智力、能力、素质是这一模式的4个基本要素。知识是开发智力、形成能力和素质的基础,但智力是内在的,它必须借助能力才能外显出来。因而智力和能力是两位一体的关系,一般称为"智能"。知识和能力通过升华内化为人才的素质;素质的形成和提高能促进对知识的更快获取和拓展、促进智能的更好发挥和发展。各种能力经过优化组合集中体现为创造力,也就是说,智能活动的最高层次是创造力;素质为增强思维能力和创造能力提供源源不断的潜能。最后,思维能力和创造能力经过整合,造就出创新型人才。

二、高校创新型人才培养模式的运作机制

创新型人才培养模式是以满足社会对创新型人才的需求为目标而建立的人才培养模式,这一模式包括人才培养目标、人才培养基本规格、人才培养过程和人才培养评价体系等四方面的内容。

(一)人才培养目标

构建创新型人才培养模式,应借鉴国外高校的先进经验、顺应国际潮流来重新确定我国高校人才的培养目标,按照知识、智能、素质协调发展的要求为社会主义市场经济和知识经济发展培养大批具有创新精神和创新能力的现代高级专门人才。创新型人才培养模式是在通才教育与专才教育相结合的基础上突出人性、综合素质和创造能力培养,是真正以育人为目标的模式,这一模式不同于以思想品德优良、素质高、知识丰富为目标,以教学为目的的传统人才培养模式,而是要求高校把学生作为一个"社会人"提高到首要和基础的层面,对综合素质的培养优于知识的灌输,对创新能力、适应能力的培养优于专业知识的提高和技能的培养。创新型人才培养模式就是要使学生在接受高等教育的过程中不仅掌握必要的科学知识和人文知识,具有较强的创新能力和适应能力,而且成为一个和谐发展、人格完整的人,而不是只会在实用主义、功利主义的层面上判断事物,要会思考问题,去寻找人生答案。

(二)人才培养的基本规格

为适应未来社会对高级专门人才的需要,高校培养的人才应当既有知识又有"智力"和"能力",更有使知识和智能得到充分发挥的"素质"。基础扎实、知识面宽、能力强、素质高是高校创新型人才的基本特点。因此,高校培养人才时应以知识、智能、素质协调发展为质量标准,这是对德、智、体全面发展要求的具体体现。

由于创新型人才培养模式的特点是突出综合素质和创造力培养,因此只对学生的创新能力规格和素质规格加以重点阐述,其余的知识规格和智能规格在此不再赘述。

1.创新能力规格。创新能力规格包括:①在接受创新素质教育过程中能逐步提高和发展创造性观察能力、创造性思维能力和创造性表达能力;②在参加科技活动或社会实践活动中能表现出一定的创造才能,能撰写符合要求的科技论文;③在毕业设计过程中能完成具有一定创新要求的设计课题,能撰写富有新颖性、创造性的毕业论文;④在教师指导下能从事一定的科学研究或技术创新工作。

2.思想道德素质规格。思想道德素质规格包括:①正确理解和坚持党的基本路线,坚持四项基本原则,拥护中国共产党的领导;②努力学习马列主义、毛泽东思想、邓小平理论、"三个代表"重要思想、科学发展观以及习近平总书记系列讲话精神,学会运用辩证唯物主义和历史唯物主义的立场、观点和方法分析现实生活中的政治、经济、文化和道德现象;③树立社会主义民主法治观念,自觉维护和遵守各种法律法规,严格遵守校纪校规;④树立以社会主义集体主义为核心的人生观和价值观,反对拜金主义、享乐主义和极端个人主义;⑤树立正确的学习目的,养成良好学风,努力攀登科学文化高峰;⑥养成高尚的社会主义道德品质和文明行为习惯。

3.文化素质规格。文化素质教育的目标是使学生能了解人类改造自然、改造社会和改造自身的主要文明成果,能从中外丰富的人文社会知识和自然科学知识中吸取营养,陶冶情趣,塑造适应社会主义精神文明建设要求的高雅气质、健康的审美情趣,其具体规格如下:①掌握一定的文、史、哲等基本知识;②熟悉中国文化发展的基本脉络,了解中国近现代史上的重大事件、著名人物及经典名著;③了解世界近现代史上的重大历史事件、著名人物及经典名著;④学习文化艺术类课程,培养健康高雅的审美情趣,树立正确的审美观;⑤了解反映现代科学技术与知识创新的人文背景;⑥了解现代企业制度下的企业哲学与企业文化基本内涵;⑦了解与社会可持续发展战略相关的人文知识。

4.业务素质规格。业务素质教育的目标是使学生在具备一定的业务知识和业务能力的基础上成为现代高级专门人才所需要的业务素质,具体规格如下:①在教师的指导下独立自主地进行各个教学环节的业务学习,完成各种作业,杜绝一切舞弊行为;②尊重客观规律,在科学实验、科学研究和社会调查研究活动中能实事求是地进行科学观察和客观记录实验数据和各种信息,整理实验报告或社会科学调查研究报告,自觉抵制各种伪科学的侵蚀;③注重理论联系实际,积极思考所学科技知识和人文知识在生产实践中应用的可能性;④养成精心策划、精心设计、精心整理研究与开发成果的习惯,追求质量意识、精品意识和创新意识;⑤养成团体意识和协作精神,在综合实验、毕业设计、社会实践以及科学研究中能分工合作,取长补短,共同前进。

5.身心素质目标。健康的体魄与良好的心理是现代高级专门人才实现社会价值和人生价值的基础。身心素质方面的培养目标是使学生养成强健的体魄,具有良好的个性心理品质和群体协同心理品质,具有较强的心理调适能力。

(三)人才培养过程

正如企业的生产经营需要经过供应、生产、销售三个阶段一样,严格意义上的人才培养过程应该包括人才供给、人才培养、人才产出三个部分。人才供给是通过考试或测评等方式对应届、往届高中毕业生或有一定基础的社会青年、在职人员进行选拔,为人才培养提供可塑之才。人才培养是指通过教师的教与学生的学使学生在知识、智能、素质等方面协调发展,使学生成为符合时代发展要求的人才。人才产出是指高校培养出来的学生通过双向选择、供需见面实现就业,是人才走向社会的过程。人才培养模式中的三个部分密不可分、相互作用、相互影响。人才供给是人才培养的前提和基础,人才产出是人才培养的结果和归宿。在高中毕业生或社会青年经历大学阶段,成为人才继而在社会上有所创造、有所发明的过程中将教与学有机地结合起来,对学生实施创新教育、注重培养实效是人才培养过程中至关重要的部分。由于高校的人才供给和人才产出两个部分涉及国家高等教育政策、就业政策和社会用人环境等多方面的因素,而这些因素是不以高校的意志转移为转移的,因此这里主要从高校的角度阐述人才培养过程。

1.学制。作为高校创新型人才培养过程中重要的一环,高校应对其学生实行弹性学制。对学生实行弹性学制,即允许达到培养目标和质量标准的学生提前毕业,或允许学生根据自身情况进行自续毕业。

2.教育阶段划分。高校学生的整个教育过程可分为两个大的阶段,即基础教育阶段和专业教育阶段。基础教育阶段的基本任务是强化基础,拓宽知识面,使学生比较系统地掌握本学科、本专业必需的基础理论、基本知识,加强文化素质教育和创新知识教育,培养学生的人文与科学素养。专业教育阶段的基本任务是让学生掌握本专业必要的基本技能、方法和相关知识,具有从事专业实际工作和研究工作的分析能力和创新能力。

3.课程设置。课程设置是教育教学内容的具体体现。在对课程体系和教学内容优化与整合的基础上,高校的课程设置应采用模块化和系列化的结构,以利于学生掌握比较系统的知识以及培养创新型人才所需要的素质和智能结构。

4.学分制。学分制是开展因材施教活动,加强文化素质教育和创新素质教育,使学生个性得到充分发展的有效途径。国外许多高校在教学环节上都是实行学分制管理模式。高校实施创新型人才培养模式重要的一环,就是要实行真正意义上的学分制,在保证学生必备的知识、智能和素质培养的前提下增加选修课比例,让学生根据自身情况及个人的兴趣、爱好选修学分,使学生在教学活动中的主体地位得到充分体现。

(四)人才培养评价体系

评价体系是对高校人才培养工作进行价值判断的系统测量和调查,是学校教学质量管理系统中不可缺少的一环。评价不是目的而只是实现目的的手段。因此,高校人才培养模式的评价体系必须紧抓提高教学质量和人才培养质量这一目的,将学生学业评价和教师教学评价有机地结合起来。作为创新型人才培养模式的评价体系,除了做好上述两类评价以外,还应侧重于学生创新素质与能力的评价。

学生创新素质评价是以学生个体为对象,根据社会向高等教育提出的创新型人才培养的目标和要求,运用科学的测评手段对学生的创新精神、创新能力、创新人格、创新实践等做出客观分析与价值判断的微观教育评价。建立学生创新素质评价体系,准确有效地评价学生的创新素质是对高校学生全面实施素质教育及培养具有创新精神和实践能力、适应社会主义市场经济需要的合格人才的重要手段。

1.评价内容。高校学生创新素质评价内容广泛,程序复杂,涉及许多因素,既有指标的模糊性和结论的或然性,又受到评价的主客观条件制约,该评价体系的内容大致可分为四方面。

(1)创新精神:创新精神是个体在创新活动中所具有的自觉的意识、强烈的欲望、积极向上的情绪和坚持的意志,包括力求发现和解决问题的进取精神,崇尚真知、追求真理的科学精神,百折不挠、持之以恒实现目标的奋斗精神,是一种活跃进取的精神状态。培养学生的创新精神是体现素质教育宗旨和时代特征的一项重要工作,是创新型人才培养的首要任务。高校学生的创新精神主要表现为是否总是自觉地、有意识地支配自己进行创造性心理的实践活动,是否表现出高度的创新自觉性、是否遵循创新规律等。评价学生的创新精神状态主要考核分析其创新意识、创新思维和创新计划。

(2)创新技能:创新技能是个体完成创新所必备的产生新认识、创造新事物的技巧和能力的总和。它主要体现在创造性的认识和实践活动中,是一系列连续、复杂的高水平的心理活动,是创新素质中最根本的要求,也是创新型人才最本质的特征。创新技能主要表现为是否有宽厚的基础知识、广阔的视野、丰富的想象力、独特的开拓能力等。评价学生的创新技能主要考核分析其创新方法、创新能力和创新技巧。

(3)创新人格:创新人格指个体从事创新活动所应有的人格力量,它是创新精神和创新行为的体现。高校学生的创新人格主要表现为具有良好的心理素质,具有广泛的兴趣和科学合理的动机,具有敢于冒险、敢于怀疑和批判的科学精神等。评价学生的创新人格主要考核分析其创新情感、创新意志和创新理智。

(4)创新实践:创新实践是指个体参与创新活动的具体过程与获取的成果,是高校学生创新素质的综合体现和真实写照,也是创新素质教育的出发点和落脚点。创新实践主要表现为参与创新活动的频数,在创新过程中取得的成果和获得的奖励等。评价学生的创新实践应考核分析其创新活动、创新成果和创新奖励。

2.评价方法。高校学生创新素质评价是一个全新的范畴,目前高校中尚无规范成熟的评价指标和评价体系。考虑到评价指标的模糊性和高校学生创新活动的特殊性,可通过量化指标,用建立数学模型的形式来对学生的创新素质进行测评,以增强评价的准确性和科学性。

(1)量化指标:根据学生创新素质评价的基本内容与指标体系,通过师生测评、问卷调查、单项考试、查阅资料、特殊观察等多种方式把学生创新素质评价的各项指标量化。

(2)建立评价模型:在对评价指标进行合理量化的基础上,可以依据评价指标体系中各项指标的相互关系,用模糊数学的方法,建立综合评价模型。

第三节　高校创新型人才培养模式的难点与对策

一、高等学校创新型人才培养模式的难点

当前,高等学校的决策者越来越重视为学生营造良好的创新环境,高等教育战线上的许多专家、学者都在致力于对高校创新型人才培养模式的研究与探索。由于社会的需求和压力,高校学生也逐渐意识到自己应承担的社会责任,非常重视自身创新能力的提高。因此,近年来在高校中出现了一些热衷于创新并具有一定发明创造能力的学生。但是,从整体上看,我国高等学校创新型人才的培养步伐还是比较迟缓的,实施创新型人才培养模式还存在一些难点。

(一)市场经济的趋利性限制了高校学生素质的全面发展

市场经济遵循的原则是通过价值交换,追求价值增值,崇尚充分竞争、优胜劣汰、能者为上。市场经济运动不同情弱者,只讲究经济效益,以经济效果论英雄,排斥一切非经济的衡量评判标准,不赞成非经济的保护弱者的政策。

同时,高等教育还十分重视社会发展与科学文化方面的价值取向,它在促进社会生活、探索科学真理与繁荣人类文化等方面发挥着自身独特的优势。高等教育的多重价值取向跟市场经济的单一价值取向之间存在着巨大的差异,并对高校的人才培养产生了巨大的冲击。

在市场经济环境中生存竞争、等价交换成为生活的基本原理,把人们的精神意向从重德主义导向重利主义。市场经济的这种冲击带来了教育的诸多矛盾:人才素质上功利与理想的矛盾、知识结构上基础与应用的矛盾、教育关系上伦理关系与经济关系的矛盾。教育的目的是培养价值主体还是功利主体,教育到底是一种价值的存在还是工具的存在?市场经济的机制会造就学生的务实精神,增强学生的竞争意识,但也会形成功利主义,使他们的行为受功利驱使而缺乏价值的追求,造成必要的人文与科学素养的缺失。在教育结构和教育内容上这种矛盾表现为素质教育与技能教育、基础教育与应用教育、理论教育与技术教育对立。功利教育的特点强调实际的功效,教育听任市场这只"无形的手"的支配,目前出现的"重应用轻基础、重技能轻素质、重技术轻理论"的倾向就是其具体表现,因而导致高校人文学科、理论学科生源不足,而工程学科、经济学科过热。此外,现在的高校毕业生在择业时都是首先考虑经济收入和工作地点;其次考虑的是发挥自己的特长;最后才考虑国家的需要。这些都是市场经济给高校人才培养带来的不利影响。

高校创新型人才培养模式强调综合素质的培养优于知识的灌输,创新能力和适应能力的培养优于专业知识的提高和技能的培养。而市场经济的趋利性恰恰使得高校学生依据就业形势选择专业,依据社会职业人群收入高低培养技能,忽视了综合素质的提高和创新能力的培养。这与高校创新型人才培养模式的培养目标是背道而驰的。社会需要各方面的人才,如果大家特别是高校培养出来的高素质人才都只考虑经济利益,那么谁来从事基础研究科技创新?

(二)传统教学模式妨碍了高校学生知识及智能结构的协调发展

从整体上看,我国高等学校仍然沿袭着传统教育模式。虽然许多人已经认识到传统教学方法的弊端,但是在教育实际中依然盛行"仓库理论"。这种理论认为"大脑是储存知识的仓库",教育就是用知识去填充"仓库",学习就是获取知识,知道的事实越多、知识收集越多则越有学问。这种教育十分重视记忆,并把知识记忆的多少作为评价教学效果最重要的指标,把积累和学习前人留下的知识作为教育的主要内容。在教学中采取单一的"填鸭式"灌输教育方式,片面地强调知识的传授而忽视学生智能的培养,考试以对已知知识的记忆为主,把培养"仓库型"人才作为高等教育的主要目标。然而,随着知识经济时代的到来,这种教育观念和教学方法与社会、时代对人才的要求颇有不协调之处。

主要包括:第一,知识经济社会是知识爆炸的社会,新知识、新信息的迅速增加使大脑这个仓库来不及接受和包容如此巨量的知识和信息;第二,电子计算机等现代化的设备和手段已使对知识和信息的存储和获取变得十分便捷和有效,单纯依靠大脑来记忆和存贮信息的方式已变得十分低效和落后;第三,在未来社会,经济的发展和经济竞争能力的提高,越来越依赖于知识的生产、传播和应用,能力将日益受到社会的重视,社会对知识的评价将由重学历转向重能力。一个人只有将他的知识转化为生产力才能得到社会的认同。但目前我国的高等教育仍然把传授知识和学历教育作为主要的办学思想,忽视对学生智能的培养,忽视对学生进行自学能力、研究能力、思维能力、表达能力和组织管理能力的培训,导致培养的学生高分低能,这样无法适应社会对人才的要求,更不能满足经济发展和社会竞争的需要。

我国现行的高等教育教学模式具有典型的工业化阶段的特征:按照工厂模式实行大批量、标准化生产,学校、专业、课程和教育教学过程严格按统一计划运行,学校教学基本上是以课堂教学为中心、以教师为中心、以书本为中心并进行以统一课程、统一教材、统一教学大纲、统一考试为特征的整齐划一的集体化教学。学校教学缺乏灵活性,忽视学生个性发展的需要。而我们所要面对的知识经济社会是以知识为中心的社会,知识经济的发展不仅会引起社会经济结构的巨大变化,而且也将引起人才需求结构的巨大变化。社会需要的不再是缺乏个性的标准化人才,而是具有个性的创新型人才。知识经济将改变人们的思想观念和生存方式,接受教育不仅是获取知识的需要,也将成为提高个人素质、改善生活质量、发展和完善自我的需要。因此,高等教育将从单纯的人才培养职能向培养人才和满足消费的双重职能转变。可以说,高校创新型人才培养模式完全具备未来高等教育的这两种职能。创新型人才培养模式的实施要求高校必须转换教学模式，由以教为中心向以教为主导、以学为中心转换，由标准化生产转向个性化教育，充分重视学生个性的发展和个人能力的培养，尊重学生个人的选择，实行教育方式的多样化、个性化和民主化。

(三)现行的高等教育专业和课程设置影响了学生知识结构的优化

随着经济的发展，社会对高校提出了一些新的要求，集中反映在：大学的专业课程内容要符合现代社会和生产发展的要求，要对专业的现代发展有较全面的了解；学生基础厚实、知识面宽，掌握了有效地分析与解决问题的能力。而现行的高等教育专业和课程设置狭窄，主要表现在以下两方面：

第一，专业分得过细，而且每一个专业自成体系、相互独立，忽略了各学科之间的联系以及它们之间共通的观察、思考、分析、综合的方法，导致学生知识面过窄及知识结构不合理。如果说传统的高校教育中精细的分科促进了专业及相关领域的发展，那么今天这种方式已成为其发展的重大障碍了。人类认识自然和社会的过程是一个由混沌到分析再到综合的过程，从这个意义上说，学科之间的分化是人类认识史上的一个阶段。在知识经济时代，学科过细的专业教育已明显滞后。因为就一个人的创新能力而言，仅靠单一的专业教育是不够的，要学好一个专业并在这一专业上有所创造，就必须有足够的背景知识，这种背景知识越宽厚就越有利于拓展思维空间、扩大视野，从而提高创新能力。另外，在工业经济时代，科学知识—技术—产品之间表现为线性关系，某一职业、岗位的人才只需接受与其岗位相关的专业教育就足够了；而在知识经济时代，这种教育已显得捉襟见肘，一个只会做一种工作的"人才"已面临生存危机。

第二，专业教学内容缺乏时代感，这与"重专业，轻课程"的教学理念紧密相关。我国传统的高等教育不仅专业过细，而且哪一专业开哪些课也较为刻板。高等教育的目的是为社会培养人才，而社会对人才的需求是变化的，这就要求高校的教育教学也要进行相应的改革。我们以往的改革主要是调整专业，或增、或减、或更名，但社会需求十分广泛，变化又很迅速，专业的设置却有其相对的稳定性，这就产生了矛盾。解决矛盾的方法就是先扩大专业口径然后淡化专业、重视课程。因为课程具有专业不可比拟的灵活性，根据社会需求及时更新课程和增删其中哪些内容都要依社会实际需要而定。这样就能使教学的运行始终处于动态之中,使学生学到能适应时代需要的最新知识。

(四)有限的选修机制难以激发学生的创新潜能

在我国现行的高等教育中学生主体性原则没有得到充分体现,主要表现在学生没有选择的自由,不管学生们各方面有多少差别,升入某大学进入某一专业时就要接受同样的教学内容。目前,高校教学计划上都有3类课:公共课、专业基础课和专业课,绝大多数都是必修课。因此,学生每天的学习时间被安排得满满的,几乎没有选择的自由。学生在缺乏选择自由下的学习只能是被动地接受,疲于应付,根本谈不上兴趣,个性受到严重压抑,其直接后果是形成学生的依附性人格,唯师、唯书,不能独立思考,丧失了应有的创新精神和创新能力。20世纪初,某国学者就提出,"没有思想的自由,也没有时间使他们智能方面的爱好得以畅所欲为,从第一次进学校起一直到离开大学为止,从头到尾没有别的,只有一个长时期的忙碌于考试的赏赐和课本上的事实",使学生"一切自发的愿望都受到伤害和挫折"。

近些年来,各高校开设了一些选修课,但选择余地极小,许多高校把选修课比例控制在10%~20%之间,而且有些选修课还要求学生必选,于是选修课成了名义上的选修,事实上的必修,即便是真正的选修课也很难实现其教学目的。原因是:第一,选修课学时普遍较少,同样的课程,选修课要比必修课学时少1/2~2/3;第二,选修课大多数上大课(除非选这门课的人少),经常上百甚至更多学生挤在一个大教室中,形式像作报告;第三,有些高校不把选修课成绩记入总学分,选修课学得好坏不影响期末成绩,因而一些学生对选修课很随意。这些问题的存在使得课时较少的几门选修课成了学生学习自由的点缀。之所以会出现这些问题,归根结底是由于没有重视学生的主体性、独立性。事实上,大学生的身心发展已趋于成熟,尤其思维能力和自我意识已得到相当的发展,已经具有较强的选择意愿和选择能力,完全可以在学校的指导下科学选择自己的学习科目。古今中外的教学实践已经证明,没有兴趣的强制性学习只能扼杀学生探求真理的欲望,要激发学生的创新欲望就必须给他们以按个人志趣进行选择的自由。

(五)高校教师队伍现状制约了创新型人才的成长

在实际教学过程中教师是培养创新型人才的主角。党的教育方针要靠教师去落实,这是不言而喻的,最能体现教师地位的是他们在培养人才过程中的作用。教师作为教育过程的重要主体因素,自始至终贯穿于学校的一切教育活动之中。要引导、培养学生的创新意识和创新能力,就必须努力提高教师队伍的整体素质,建立能上能下、能进能出的竞争激励机制,促使教师探索新的教学方法,按有利于培养学生创新思维的要求开展教学。目前高校还缺乏这样的竞争格局和氛围,有的院校尽管每学期或每学年对教师的教学情况进行评估、考核,但是由于评价方法尚有许多缺陷。在每学期或每学年的教学检查中对学生给教学提出的许多好建议往往重视不够,教师仍然按部就班,照自己计划的教学方案进行教学;教学管理部门对教师授课情况的掌握和监管缺乏及时性和有效性。因为缺少"动真格的"的激励竞争机制,教师只求"过得去""穷应付",而不求在人才培养过程中"下功夫"。

另一方面,市场体系也对高校育人的职能产生了一定的冲击,使高校教师的职业观发生了根本性的变化。在我国,长期的计划经济体制下形成的职业观是:一个人的职业是社会分配的而不是自主选择的,即使有选择权也必须以服从组织安排为前提;一个人在一种职业中要求全身心地投入;一个人的收入高低是由社会决定的,个人不应另辟蹊径,谋求更高收入;要求每个人树立"干一行爱一行"的思想。然而,一进入市场经济,这种职业观就遇到了强有力的挑战。由于市场经济主要靠价值规律调节而非计划调节,个人职业选择取决于市场需求,职业选择的自由度大大提高。人们往往不满足于既成职业的状况,当社会对某一方面能力的需求量增大时就会诱使一些能力强、可以用较少时间完成本职工作的人不断开拓自己的能力、加速能力转化。

二、高等学校创新型人才培养模式的对策

《中庸》有一句话:"预则立,不预则废。"教育是而对未来的事业,具有优先发展的战略地位。随着我国社会主义市场经济体制的逐步完善,特别是随着知识经济时代的到来,传统的人才培养模式在培养创新型人才方面面临严峻的挑战,已不适应时代发展的要求。作为肩负人才培养重任的高等学校,必须

站在未来的高度开阔眼界并充分认识转变传统教育思想的重要性,树立创新型人才教育观,推动人才培养模式的创新。

(一)更新传统教育质量观,重视知识、智能与素质的培养

辩证唯物主义告诉我们,经济基础决定上层建筑,生产力的变革必将带动生产关系的变革。计算机和网络的普及,信息系统的强大功能,既会带来教育手段的变化也会带来教育观念的变化,要求更新教育观念。长期以来,在教育的质量观上受当时生产力发展所限,人们往往只把受教育者获得书本知识的多少作为衡量教育质量的唯一标准,忽略了学生潜能和创新能力的培养,缺少对学生在繁杂现象中认识事物关键因素和处理问题能力的训练,缺乏对学生意志、品质的锻炼,培养出来的学生大都循规蹈矩,不善于发现问题,更缺乏解决问题的能力。正如某教授所指出的那样,它虽"有利于学生积累知识,打下扎实的根基,但是相对来说在进行科学创新的时候缺少创新意识"。改革开放以来,对学生能力培养的问题已引起了许多高校的重视。然而随着科学技术的飞速发展而带来的种种负面效应及对高等教育功能认识的深化,人们越来越关注高校学生身心的全面发展和综合素质的提高。这是教育思想的一大转变。

转变教育思想特别是教育质量观和教育价值观,坚持知识、智能、素质协调发展是高校培养创新型人才的基本前提:一是因为随着科学技术的迅猛发展,知识总量急剧膨胀,知识和技术的更新速度加快,产业结构不断变化,那种只依靠单一知识、能力和某种素质解决重大理论和实际问题的时代已经不复存在;二是因为电脑、网络的普及,信息量迅速增加与快速流通,各种信息无时无刻不在影响着学生,同样学生也有着极大的选择空间和丰富的信息源,他们可以从网络和其他渠道迅速地获取大量的新信息。高校若仍然依照先辈遗存下来的传统文化去塑造、教育学生,那么学生经过几年教育建立起来的观念和知识结构,等到他们毕业时大部分则已跟不上时代节拍了。当今的市场竞争已从产品竞争延伸到了工作中的创意和实验室中的交锋。社会需要大量的创新型人才,而创新型人才的涌现是以教育观念转变为基础和前提条件的。高校应充分认识到高等教育的目的是培养学生的创新精神,激发人的想象和灵感,使人能从新的角度、按照新的思维方式来认识客观世界,创造出具有社会价值和经济价值的物质成果和精神成果,即想别人不敢想的,做别人不敢做的。高校创新型人才培养的立足点不是要求学生必须做出什么发明,而是培养他们独立思考问题和解决问题的能力,能在各方面发现、发挥自己的潜能,为将来在创新方面有所作为打下基础。这些都需要高校重新审视传统的教育观念,剔除那些不适应创新型人才的过时的因素,树立创新的教育观念,确立新的人才培养目标和教育教学模式,促使学生知识、智能、素质的协调发展。

(二)革新教学内容,注重知识和能力的综合

21世纪是以高新技术为核心的知识经济占主导地位的世纪,知识对于全人类的重要性是不言而喻的。但是,随着科学技术的飞速发展,知识的总量在不断增加,而大学生在校学习的时间毕竟是有限的,为了解决这一矛盾就必须改革高等学校的教学内容和教学方法。我们只能把那些最基础的、在今后的工作实际中仍然有用的知识教给学生。砍课程就是要改革教学内容、压缩教学内容的总量。我们一方面要去掉那些陈旧的、重复的、次要的教学内容,另一方面要及时增加学科前沿知识、相关学科知识和专业以外的人文社会科学、自然科学以及文化艺术等有关基础知识。同时,要留出一定时间让大学生广泛涉猎,使其不局限于学校所开课程的学习,并"用自己的眼睛去读世间这一部活书"。我们必须树立"教是为了不教"的思想,着重培养学生获取知识、综合运用所学知识和解决实际问题的能力。如果教学内容太多,在教学方法上又采取"满堂灌",则失去了高等教育的选择功能和创造功能,大学生则只能被动应付,对其创新能力的培养也就无从谈起。

当前,科学技术的发展既高度分化又趋向综合,各学科广泛交叉、相互渗透,很多重大问题都涉及多学科的综合性课题。为适应这一趋势,我们要在注意学科综合化、拓宽专业口径的同时加强课程的综合化,要构建新的课程体系和课程设置方案,以利于高校学生构建合理的知识结构和能力结构,并全面提高自身的素质。有教育专家认为:没有综合化就不会产生伟大的变化,综合化课程体系的内涵是加强基础,扩大知识面,开设综合化课程和系列课程,各类学生既要学习社会科学、人文科学又要学习自然科学,而且这种跨学科的教学模式应贯穿于整个学习之中。因此,在构建课程体系时要有目的地构建一系列有利于学生综合素质培养的具有宽泛性、交叉性和时代性特征的课程;同时,应精心设计与之配套的第二课堂和校园文化环境。

(三)完善教学体制,充分发挥学生的主体作用

以创新型人才为培养目标的教学体制包括弹性学制、学分制和互动式教学等内容。

1.建立弹性学制。尽管高校学生是经过一定的选拔程序才得以迈进大学校门,接受高等教育的,可以说他们是社会上素质较高的群体,但是高校学生之间的个体差异依然非常明显。不承认高校学生的这种个体差异,就难以使学生的个性在教育教学过程中得到充分的发展。

目前高校的本科教育除医学类专业和建筑学等专业采用五年制的基本学制外,其他专业均采用连续4年的基本学制。这种固定学制的做法已经延续多年,各高校除学生因病休学外,鲜有提前或延期毕业的情况发生,这不利于学生的个性发展。国内某知名大学在这方面曾进行过改革尝试,为鼓励在校学生将其创新成果转化为现实生产力,允许他们休学从事创新研究和创新成果转化活动,这开创了高校实行真正意义上的弹性学制的先河。实行弹性学制是尊重学生个体差异,真正做到因人施教、因材施教的有效途径。实行弹性学制可将学生的在校学习时间由固定的4年或5年改变为3~6年,即允许学有余力的学生在完成规定的教学任务,达到学校培养目标和质量标准的情况下提前1年毕业,或像读大学那样允许学生根据自身的具体情况延期1~2年毕业。

2.完善学分制。学分制是世界各国普遍采用的教学管理制度,其核心是一份富有弹性的指导性教学计划和一套灵活的管理制度,其出发点是使学生充分自由地全面发展,其归宿是培养更多的高质量人才。学分制最显著的特点是贯穿于教学进程、教学管理中的开放性、灵活性。学分制指导性教学计划的制定应淡化专业,放开选课、选专业、选系;课程学习上实行重修、免修;选修课在课程中所占比例增加等,不仅使专业、学科、学术思想之间的渗透、交叉、结合有了可能,而且能够优化学生的知识结构、拓宽学生的知识面。辅之以教学管理的目标管理和过程管理可以有效地保证教学的时效性。另外,学分制赋予了学生较大的学习自主性,可以充分调动学生的主动性和积极性。学分制确定的教育思想、教育观念,其基础乃是尊重人才成长和培养的规律,尊重、发展学生个性的教育思想。也就是说,学分制是把学生自身的个体差异与成长规律作为教育的出发点,充分重视发挥个体的特长及潜能,通过个体个性的和谐发展达到全面发展的目标。

目前许多高校已经实施学分制,但存在选修课太少、所设课程不利于学生综合素质提高和创新能力培养的弊端。因此高校应以培养创新型人才为出发点,不断完善学分制,使学生的个性得到充分发展。

第一,打破传统的教学计划和教学安排。打破学年制的教学计划和教学安排,设计学分制的新体系,这是实行学分制的关键。要从全校的课程安排、教室使用、上课时间这3个方面重新设计,全天分散排课,学生充分利用时间选课、学校充分利用条件和设备办学。这也是学校挖掘办学潜力、增招一些走读生、增加办学效益的途径。

第二,对必修课与选修课的比例进行调整。在保证国家专门人才培养基本规格的前提下将部分基础课或专业课程改设为选修课,适当增大选修课比例。对多数学生来说,主要是在修好本专业课程的同时在没有精力和能力再修另一专业课程的情况下通过选修课的形式增加一些知识面。设计、安排好选修课并保证选修课的教学质量,可以达到既扩大学生的知识面又使学生具有坚实的基础和一定专业技能的目的。

第三,充分调动教师的积极性。多开选修课,尤其是对一些教学工作量较轻、有的一学期没有几节课甚至不上课的教师是一种充实和锻炼。有些选修课可能选修的学生少,这与学生的需要和兴趣有关,也可能与教师的水平有关。如属后者,则可以促使教师去充实、更新教学内容,提高教学质量。

第四,校际间要打通,学分可互相承认。我国高校单科性院校较多,学校所设专业是以培养专门人才为主的,学生知识面不够。经过院校调整、合并后这种情况已有所改变,但仍可优势互补或资源共享。本校无条件开设选修课的可允许在相邻学校选修,回原校则得到承认。

第五,实行主辅修、双学位制。为一些学有余力的学生创造条件,修读另一专业课程或向交叉学科、边缘学科发展,充分调动学生的学习自主性和积极性,扬学分制灵活性之长。

第六,现行班级制度不变,加强任课教师责任。学生仍然以班级为学习、生活团体,选课可以分散。必修课与选修课都要求学生到课堂听课,任课教师评定该门课程成绩时要结合每个学生的到课率。要明确实行学分制可增大学生选课的自由度,而学习不是随意的。实行学分制的目的不是要把大学生培养成散漫的一代。实行学分制仍要全面贯彻党的教育方针,使学生在德、智、体诸方面得到全面发展,成为有理想、有道德、有文化、有纪律的新时代需要的创新型人才。

3.开展互动式教学。某教授曾讲过:我国的小学、中学、大学和研究生院一直都在把学生赶到一个越来越窄的道路上去,把学生变成念死书的人,结果导致学生习惯于接受而不习惯于思考,更不习惯于怀疑和考证。因此,不容易培养出有创造性、有独立见解、有开拓能力的人才。这一批评切中了我国教育的弊端,但直到现在我国高等教育中满堂灌的教学方法,即教师讲课学生记笔记、背笔记、考笔记的现象依然存在。如果再不及时转变教育观念,这种教学方法将大大落后于时代发展的要求。当务之急是教师必须从思想上认识到学生是教学活动的主体,大力采用互动式教学。

现在,在研究高校创新型人才培养模式的实施过程中所采用的互动式教学应该是既继承传统的优秀教学思想又有进一步的发展,使之更加科学化。我们所讲的互动式教学必须有利于加强学生自学能力、独立分析问题和解决问题能力的培养,有利于学生创新思维和创新能力的培养,有利于学生个性和才能的全面发展。互动式教学应体现教与学之间积极思维的共鸣和教师的主导作用与学生的主体作用的和谐统一。基于这种要求来实施的高校创新型人才培养模式,必须开展互动式教学。

(1)始终把学生作为学习的主体:在教学过程中,教师必须确立"学生主体"观念,培养学生的主体意识,倡导民主的教学氛围,彻底改变教师的"一言堂",唱"独角戏",鼓励学生大胆质疑,善于发现问题、提出问题,勇于表达自己的见解,培养学生分析问题和解决问题的能力。

(2)充分发挥教师的主导作用:教师讲授的内容要接触学科前沿,反映最新的学术成果,理论联系实际,使学生真正感受到知识与理论的魅力,达到调动起学生思维的目的。同时,要正确处理教学过程中教师教的主导性与学生学的能动性的关系,调动学生学习的积极性和自主性,依据学生对基础知识的掌握度和理解能力确定具体的教学步骤和方法,使课堂各个环节衔接得当;善于运用语言的魅力阐述学科内容,用语言的力量和思想感情的交流去感染和说服学生,鼓励学生提问、活跃思维。教师要善于运用各种教学手段来充分调动学生学习的主动性、积极性与创造性,教会学生自学、思考,教会学生研究、总结,还要让学生参与教学过程,给学生提供讲与练的条件,培养学生"自我表现"的能力。

(3)鼓励和引导学生自学和进行研究:教师应根据不同年级的不同教学内容和要求给学生确定自学任务和研究范围,指导学生如何收集资料,怎样进行提炼、分析与综合以及如何谋篇布局、组织成文;并对学生的成果(论文)进行科学的概括、剖析与总结。通过教师的引导和学生的自学,一方面可培养学生收集处理信息的能力和语言文字表达能力,另一方面可培养学生的科学精神,对学生的创造性思维进行科学训练。

(四)加强教学与科研、实践的结合,培养学生的创新意识和创新能力

高等学校的根本任务是培养和造就高素质的人才,培养出真正适应未来挑战、推动时代发展的具有创新精神和创新能力的人才。而创新精神和创新能力的培养必须通过学生主动参加各种社会实践活动来实现,因为一切创新的内容都来源于社会生活,来源于社会实践。实践不仅能出真知,而且是创造的源泉,那些真正富有挑战意义的科研课题大都来自实践之中。只有在实践中学生才能发现问题,进而培养他们的创造性思维,并运用创新手段来解决问题。只有提高实践能力才能不断解决来自实践的课题,才能有所发现、有所发明、有所创造、有所前进。同时,只有通过实践才能加深对理论的理解和对实践对象的认识,进一步巩固所有知识,并在实践中磨炼意志、提高承受挫折的能力,培养百折不挠的进取精神。

因此,在努力抓好理论教学的同时必须大力加强实践教学,主要应做好以下几方面的工作。

第一,坚持实验向应用性、设计性和综合性方向发展,改革实验教学,使实验教学内容向深层次发展。实验教学内容是改革的重点,主要是改变过去那种以验证理论为主的实验,构建以综合性、设计性、应用性为主的实验教学内容,同时重视引进现代化先进实验技术,采取开放式和计算机辅助教学等多种形式调动学生的积极性。其主要做法是在实验选项上侧重综合性、设计性、应用性实验题目。对一些基础课实验,教师与学生一起设计实验题目;对一些专业课实验,教师布置题目让学生自己去查找资料、自定实验方案、自选实验仪器设备,然后进行设计调试并独立完成。只有这样才能充分发挥学生的创新能力以及动手能力。

第二,抓好实习教学环节,深入开展现场调研。实习是重要的实践教学环节,是学生学完理论课程后的一次生产实践活动,是理论与实际相结合对学生所学知识的一次实践检验。因此,要抓好实习这一环节,要注重实习效果。一方面给学生增加实习时间并通过校办产业公司或大学董事会单位建设一批常规实习基地,使学生有更加充分的实习和锻炼机会;另一方面,采取有效措施,变学生被动实习为主动实习,让学生参与从实习目标确定、计划制订与实施到实习效果评价的所有与实习有关的环节中,以提高学生参与实习的兴趣,充分调动学生探索问题、研究问题的积极性,激发他们的创造思维能力。

第三,应充分利用现场实习机会,指导学生深入开展调研活动,以培养学生发现问题、分析问题、解决问题的能力。

第四,鼓励和支持学生参加社会实践和课外学术科技创新活动,让他们了解社会、了解国情,以激发情感和求知欲、创造欲和成功欲。让他们在实践中认识到自己的不足,在实践中检验从书本中所获得的知识,纠正自己对社会、对人生的错误看法,进而不断丰富自己、发展自己、提高自己;让他们在实践中用所学知识来回报社会、服务人民,从而认清自己的社会责任,实现自己的人生价值。

第八章　我国高效创新型人才培养机制的构建

第一节　创新人才培养的目标机制

　　课程体系是培养机制的核心,课程体系包括:课程及其属性、课程类别及其结构等。不同的人才培养目标和人才培养模式,课程体系的构建方法和结构不同。因此,创新人才培养的目标机制,应根据不同的培养目标来制定合理的课程体系。为实现课程体系的整体优化,防止课程体系出现缺憾、冗余和杂乱,这里提出了一种基于目标的树状课程体系及其构建的原则和方法。

一、构建培养目标体系

　　课程体系所依据的是专业培养规格和目标。基于目标的课程体系就是建立在对本专业培养规格和培养目标的分解和分析基础上,完全依据培养规格和目标的要求,层层分解培养目标,依据每一个具体的子目标对应设置所需要的课程和实践环节以及课外活动,最终形成一个镶嵌式的有机联系的整体。

　　第一,将专业培养目标和规格按照素质、知识、能力进行分解,转化为目标体系;第二,详细列出各素质、知识、能力在培养目标体系中的作用和地位,将其按阶段分为基本目标、提高性目标、拓展性目标等。基本目标对应的是专业基本质量要求;提高性目标是超出专业的基本要求,在深度、难度上有较高要求;拓展性目标则是为了拓展学生的素质、知识、能力,在专业基本要求的基础上实现横向上的拓宽。一般情况下,提高性目标和拓展性目标都设为选修性目标,让学生根据需要选择;然后,依据该目标体系设置课程。课程设置所包括的内容有开课学期、课程学时学分、课程名称、课程内容和教学基本要求。

依据目标课程体系确定课程的性质为必修或选修。课程设置应依据培养目标的层次来相应地区分出提高性和拓展性层次以便于学生选择，实施因材施教，从而达到促进学生个性发展的目的。

1.对社会的研究。学生最终都要毕业并走向社会，学生个体的发展总是与社会发展交织在一起的。学校教育的功能包括文化功能、政治功能、经济功能等，这都是通过课程的作用和社会联系在一起的。对社会的研究就是要研究社会经济、科技发展对学生素质、知识、能力的要求，并将这些要求落实到课程体系中。

2.对学生的研究。设置目标的目的是促进学生的身心发展。构建课程体系应注意关注并清楚地了解学生的各种需求，尤其是学生的认知发展与情感形成、兴趣与需要、社会化过程与个性养成方面的要求；了解学生的短期需求和长期目标；了解学生在大学学习期间各阶段的任务及学习负担。研究应广泛听取学生的意见，包括不同年级、不同层次的学生。构建课程体系的最基本依据是将研究结果体现在课程设置中。

3.对学科专业的研究。学科专业是高等学校的教育单位，学科专业是知识最主要的支柱，学科的发展趋势、现状、学科内部各种知识的关系等都是课程体系构建的依据。对学科的研究所需要做的就是听取学科专家对学科课程设置的建议，但要避免过于专业化的学科建议。学科专业课程的设置不仅要考虑该学科的知识还要注意课程对"人"养成教育的作用，使学生能够通过对该课程的学习获得有关方法的基本训练。

4.对学校的研究。对于我国高校来讲，课程设置除了要开展对社会、对学生以及对学科的研究外还应特别开展对学校的研究，对学校进行研究才能保持并有目的地建设有特色的学校。高等学校的专业设置要遵循国家制订的学科专业指导目录，但该目录专业数目有限并适用于全国各级各类学校，其宽泛性和特定高校内部专业研究领域的有限性形成矛盾。为了让课程体系既要适应学校办学的实际又能满足专业指导目录的基本要求，就必须对学校特色进行研究。对学校的特色研究包括对学校的办学条件、服务面向、校园文化、学生质量、教风学风的研究等，将这些具有特质的内容纳入学校的人才培养方案与课程体系之中。因此，对学校的研究是必要的也是必需的。但要注意的是对学校的研究不应避重就轻,不应回避学科专业所强调的课程体系的基本要求,要在符合国家相关要求的基础上充分发挥学校的特色。否则,人才培养质量很可能与国家关于本学科专业的基本要求不相符。

二、人才培养过程中的课程构建

我们的视角是将创新人才成长看作一棵大树,将促进人才成长的课程体系形象地描述为"树状"课程体系。在这一课程体系中,将对培养目标(包括子目标)起重要支撑作用的课程确定为核心课程,将其列为必修课,使学生在完成必修课的学习后就能达到专业基本培养目标的要求。对提高和拓展性的目标要求,应将其相对应的课程列为选修课,以满足学生多样化的成才要求。

第一,先有根,后有树。人格养成与"人"的基本能力形成的课程,是大学生成"人"的教育教养课,应该列为全校学生的公共课。人格养成课包括:①公民导论,传授公民的法律权利、法律义务和公民道德;②人生导论,传授正确的人生哲理和有效的人生技术,突出责任意识及其他工程技术人员必备的品德;③学业与职业生涯规划,指导学生树立人生理想,确定长期和短期奋斗目标,并落实为大学期间的学习计划;④心理调控,传授大学生心理健康常识和常见心理问题的调适技术;⑤文学与艺术鉴赏,音乐欣赏、美术欣赏、文学欣赏。基本能力形成课程可分为基本分析与数理类课程、语言表达课程(写作课、外语课)、思维方法课程。人格养成课程的实践教学环节有军事训练、素质拓展训练的人格训练活动、社会志愿者实践、校内劳动实践、体育运动等。

第二,有根才有树。先将理工科与人文科按一级学科设置以形成基础,注重课程知识的综合。理工科核心课程包括:数理化、计算机与工程、力学、环境保护等。相应的实践课程包括理化试验。人文科核心课程包括语言文学、历史、哲学、考古与艺术、政治经济学等。

第三,唯有根基牢固才能枝繁叶茂。按学科分专业基础课程,按专业大类设置专业课程拓展专业方向。专业基础课程都是根据本专业的实际需要而设置的,将各专业基础课联系起来通过整理与合并从而形成一个整体的主干基础,并且在已形成的主干基础上再将每个专业划分为一个个由3～4个主要课程形成的必修课,进一步形成专业方向次干的系列课。

根据专业方向的不同设立专业性的课程以满足不同学生选修的要求,从而拓宽专业领域。专业课中含有相应的实践内容,具体环节包括课程设计、实验课程、毕业设计、工程训练。

在专业课程初始阶段可以设置层次课程供学生选择,从而充分调动学生的积极性以实施分层次教学、实现因材施教。设置灵活多样、覆盖面广的选修课程,可使学生获得全面素质提高。

基于目标的课程体系主要表现为层次分明、重点突出,实现了整体优化,从而逐步形成更加成熟的教育团体。首先,必修课程可以让学生掌握基本知识,获取必需的能力以立足于社会;其次,通过选修课程的设置,进一步提高学生学习的兴趣和能力,实现多样化发展。此种体系为培养更为突出的创新型人才奠定了基础,并且通过预先的目标设置配以相应的主次分明的课程体系,不仅培养了学生的基本能力,而且体现了当下以教育为本、培养高素质人才的理念。

第二节　创新人才培养的运行机制

高校创新人才培养的运行机制是人才培养机制的核心部分,是对以目标机制为基础的课程体系的具体实现。

一、实践教学体系构建

根据创新以及创新人才的定义,对知识的实践应用能力是创新人才素质的核心组成,因此,培养学生的实践能力尤为重要。

(一)实践能力的形成及其发展

实践能力不仅仅是表面意义的实际操作能力,而是一种整体能力的体现。由于其涵盖了心理、教育、哲学等各方面的内容,因此为了更为全面地认识和理解实践能力,需要从以下几个方面介绍其含义:

1.实践和实践能力。

(1)从心理学角度:实践是指在认识指导下解决问题的过程。实践能力是指人通过已掌握的知识以及技能解决实际生活中遇到的问题的能力,是完成实践活动所必需的心理特征。

(2)从哲学角度:实践是指人能动地改造和探索现实世界的一切社会性客观物质活动,客观实在性、自觉能动性和社会历史性是实践的基本特征。实践能力是指主体有目的、自觉地改造客体的能力。

(3)从教育学角度:教育所说的实践能力是相对于认识能力提出来的,指个体解决实际问题的能力。我国学者指出实践能力是问题解决的完整过程所需要的素质条件。从现实的教育角度来看,实践能力主要是指学生在学习专业课程的基础上习得的能够参与社会生活、适应社会生活、解决实际问题的能力。综上所述,实践能力是一种广义的概念,并非人们通常认为的是一种动手操作能力,而是指一切解决问题的能力,它的核心思想即解决问题,它的核心特征必须从个体实践中形成和发展。从实践能力的定义中引发的对于我国目前人才培养机制的认识,实践能力主要体现为通过已有知识利用现实生活中的材料器皿开发大脑、设计制作全新的发明创新。这既体现了知识的灵活运用也锻炼了动手能力,更为以后的生活创造了一条道路,当然这只是实践能力的细节体现,是通常意义上的动手能力。除此之外,它还包括观察能力、逻辑推理能力、自然实践能力以及运动实践能力等,是个体在生活和工作中解决问题显现的综合性能力,是个体在生活工作中必不可少的,它不是由书本传授的,而是由生活经验和实践活动磨炼得到的,这很难用试卷分数衡量高低,只能通过表现来评价。由此可见,实践能力不是单独的一种能力形式,而是综合能力的一种体现,是个体发展的一个综合指标,反映了个体主体性的水平,实践能力的培养具有提高个体综合水平的重要意义。

2.实践能力的发展。通过以上实践与实践能力的联系,对如何发展实践能力有了更为全面更具体的认识,在此就实践能力的发展作简要概述。

第一,人的实践能力并非先天就有,而是需要多方面的综合训练和不懈努力才能形成和发展。实践能力的形成和发展只能在实践中完成。

第二,实践能力并非是一蹴而就的,而是要经历一段可长可短的过程才能最终稳定。实践能力的发展并非如人们想象中那般容易,它是在经历了各种困难之后逐步确立的。一般而言,实践能力包括三个方面:基本能力、专业能力和实际解决问题的能力。首先,基本能力是实践能力的基础,是在学习过程中获得的能够踏足社会的能力;其次,专业能力是在基本能力的基础上经过不断的学习以及在实践中吸取错误教训累积经验而获取的;最后,通过前两项能力的优化整合以及各方面能力日积月累的综合培养,最终形成实际的解决问题的能力,以灵活适应不同时刻的挑战。由此可见,实践能力是一个综合性的发展过程,是一个由低到高、由简单到复杂的连续的生成过程。

第三,实践能力发展不平衡。并非每个个体都拥有良好的实践能力,就像不是每个人都学习成绩优良一样。在社会实践中不同的个体吸收程度不同,相应地,获取的实践能力也就不能相提并论,因此才会出现优良差的评判。也由于此种原因社会才会多样化,才会有各行各业激烈的竞争。

(二)制定全程步进式实践

全程步进式的实践教学体系是指从横纵两个方面出发,使得实践教学成为一个不断提高、层层渐进的整体性优化的系统,以使学生能够实现从基本实践知识能力、专项实践知识能力到在具体情境中运用能力的目标的达成。

1.全程性实施的原则。由于实践能力的不断发展是一个从整体上不断循环拔高的过程,但是实践环节教授的内容又常常伴随着理论课程。所以,在构建实践教学体系的过程中,一方面要在横向方面弄清楚各个实践教学课程的教学内容、目标和实践方式,使其能够彼此协调,构成一个相互连接的体系;另一方面,在纵向方面需要以学生实践能力发展的规律为基础,按照从基本实践知识能力、专项实践知识能力到在具体情境中运用能力的目标的达成的发展路线,一边要注意课上实践教学的内容,一边又要对实践的环节进行设计,尤其要对实践的内容从在课程中分散的状态进行纵向的整理,从而构建一个综合性的实践教学步骤。要结合考量第一课堂的实践教学内容和第二课堂的实践教学内容,使两者能够有效地连接起来。各个实践教学的环节之间要相互合作、层层渐进、不断拔高,从而促进步进式全面优化实践教授体系的形成。

2.开放性和层次性的原则。因为个体在实践能力形成发展方面存在的差异,强制性的全体一致的实践能力锻炼培养的基准是不合理的,而应当遵循因材施教的理念,建造一个分层的开放式的实践教学体系。层次性要求将实践教学内容设置为三个层次,即基本、提高和拓展。基本是指学生应当达到其专业课程所设置的最基础的能力层面的水平;提高层面的要求则超过基本层面,要求让实践动手能力较好的学生找到提升的方向;拓展性层面的项目是拥有实践个性的项目,为满足有兴趣的学生的需求而设置。实践教学内容的开放体现出了可选择性,开放性的项目一般均设置为选修性课程。

3.综合性的原则。各种情境之下遇到的大多是综合性问题,因此对解决此种问题的能力的要求也是有综合性的。综合性不是要求对基础的实践能力进行组合,而是对实践能力提出更高水准的要求,要求学生在日常的实践当中进行训练和提升。所以,综合性的实践教学项目在学生能力形成发展的不同阶段都应当开设。此类项目可以是通过某门课程知识的有效整合,而设计的与课程知识相关的综合性的小型教学环节,也可以是对分布在某几门课程当中的实践内容加以整理合并,从而建造出的具有综合性的大型的实践教学项目。另外课上的实践、课外的实践与社会实践的有机结合式锻炼也是综合性原则的表现。

4.研究性的原则。从发展学生的实践创新能力的角度来说,研究性的实践教学项目的设计和展开也可以说是锻炼学生的创造性思维,是提高实践创新能力的关键。在各个不同阶段,研究性实践项目的设置要以学生已经掌握的基础层面的实践能力所达到的水准为基础,可以以在教师的引导之下做科研项目的方式,同时也可以学生之间自动发起、开展的研究性学习的方式进行。此类项目的设计既可以是专门模拟性的,也可以是现场实际发生的。

(三)对实践教学系统的全面性整合

优化对学生的实践动手能力的培养是一个系统性工程。培养大学生实践能力不能将方法限制在实验操作、专业实习以及毕业后单位实习等的方式上,而要在创新和实践能力发展形成的规律的基础之上遵循前面所讨论的根据课程设置的体系来制定相应的办法,要对学生各方面实践动手能力的形成和发展进行研究,用全面性的大学生创新实践培养带动对实践课程局限性的改正,以各个环节的阶段性结合能力培养发展的全程性、以学生个体的差异性结合能力培养的一致性综合课上的内容教学和课下的实践,通过课上与课下、选修和必修建造一个从基本到特殊、从形成到发展、从简单到复杂、从模拟到实践、从实施到设计再到创新的全程步进式的实践教学系统,从而达到实现实践教学系统全面的整理和优化。

结合所在专业的特征,有针对性地制定专业实践能力的培养系统,分解实践教学的目标,将其转化为大学生在各个阶段、学期应当完成的训练内容,对于学生根据个人基本能力、需求、兴趣等目标制订的"大学生全程步进式实践能力创新训练"计划进行引导,使学生明确目的、细化步骤,对长期的实践能力、创新能力进行有计划的培养和发展。

(四)实践能力教学体系的基本架构

1.基本的实验能力。实践内容有对课程内容的验证性实验、对使用仪器设备的训练、针对专业的实习等。

2.专项的实践能力。实践内容有对课程内容综合性的实验、独立的综合实验、设计实验、课程设计、职业资格的专门性培训等。

3.解决实际问题的能力要求。实践项目有设计和研究性的试验、专业实习、毕业规划、社会实践项目及工程实践项目等。

4.仿真实践训练。现代工业的复杂程度、技术集成性、运行的安全性以及自动化等方面正在向高水平高要求的方向发展,学生在毕业之后是否能适应工作以及适应速度等方面的问题要求进行仿真的实践训练。学生可在仿真实践当中对解决具体实际问题的方法进行探索和把握,对必须要掌握的实践能力进行锻炼提高。

除此之外,也可以在培养方案的要求之外再设计一些能够引起学生兴趣的实践性项目,让学生在课程之外通过自己选择的适当方式加以学习。

二、第二课堂培养体系构建

学生在校期间的课外活动是一个十分重要的学习途径。我国各高校普遍把学生管理与教学管理分为两个独立的系统,每个系统有各自独立的队伍、培养目标和活动方式,尽管两者的目的都是围绕学生培养为目的,但尚未形成有效的结合,从而造成第一课堂教学活动与第二课堂学生活动脱节,这与国外高校的培养模式有较大差异。因此,围绕创新人才这一培养目标,整合第二课堂的教育资源,加强第一课堂与第二课堂的融合,形成一体化的人才培养体系是非常必要的。

(一)培养体系在第二课堂的制订规则

由于学生个体的差异性以及非智力因素等方面的原因,制定培养体系应按照以下规则。

1.多样性。第二课堂活动主要是要带动学生校园的课余生活,完善他们的人格目标,提供让更多学生参与的途径,通过活动内容和形式的多样性让他们在活动中找到兴趣和爱好。

2.创新性。第二课堂的特点在于开放灵活,所以活动中需要更多地体现出创新。各种活动可以充分发挥大家的想象力,不制订任何标准。

3.实践性。有关课外的活动主要是实践性比较强的,让学生参与进来,在这个过程中锻炼自己各方面的能力,同时也可以掌握更多的实践策略,学到更多的知识。

4.层次性。大学生层次具有多样性,例如知识、能力以及年级,因此在做顶层设计时就需要进行多方面准备,可以让不同层次的学生都有选择的空间。

5.宽广性。活动不一定非要在学校里办,也可以拓展到校外,甚至是企业、社区,在社会这个大舞台上锻炼和教育当代青年大学生。参加社会实践活动可以培养当代大学生关心国家和人民的责任感,提高他们判断问题和解决问题的技巧。

(二)我国高校第二课堂在创新人才培养上的助推体系

我国高校第二课堂在创新人才培养上的助推体系包括目标层、计划层、实施层三个层面。目标层即该体系所要达到的人才培养的目的。在现在这个时代,我们培养知识和创新兼具的人才主要是面向社会、世界和未来,为祖国孕育更多具备创新思维的能够适应社会发展的质量较高的人才,为社会主义现代化而奋斗,为成为创新型民族而努力,努力提高我国的综合国力和在世界中的竞争力。良好的创新人才应具备以下特点:①实践能力强;②创新观念深;③工程技术高;④综合素质高;⑤国际视野宽。这五点也是助推体系所要达到的人才培养目标。计划层是实现该助推体系的可执行计划和方案。该体系的建立首先要求高校注重体制机制改革,为第二课堂助推创新人才培养创造制度环境。校企联合培养和创新平台建设是助推体系执行计划的重要方面。校企联合培养是吸纳和整合一切可以利用的社会资源,加强校企合作,共同为学生的工程实践提供坚实的基地。创新平台建设是在学校内部为进一步发挥第二课堂优势,激发学生的科研兴趣和热情,而创建的各种科研创新平台,以便广大学生尽情地发挥并培养创新科研能力。通过以上两项计划来充分发挥第二课堂作用,激发学生的科研兴趣,最终提高学生的自主科研能力,完成创新人才的培养。

实施层是该体系具体执行的措施和办法。这是对应计划层具体而详尽的实施措施分解。如在体制机制改革方面,包括资金支持、师资建设、创新学分等措施;在校企联合培养方面包括企业实习基地、企业导师等措施;在创新平台建设方面包括科技竞赛、创新实验室、创新课堂、国外交流、创新立项等措施,同时通过科普活动和学生自主科研进一步提高学生的科研兴趣和自主科研能力。通过以上三个层次内容的搭建形成了多维度、多层次、系统、科学、合理的第二课堂在我国高校创新人才培养上的助推体系。下面就每一项进行分别阐述。

1.体制机制改革。

(1)资金支持:学生没有固定的经济收入,他们的开支也基本来自父母的支持,所以为支持学生进行自主科研实践,高校必须在资金上予以足够的保障。因此高校要成立专门的工作组织领导机构,全面领导学生自主科研活动的各项工作、制定及调整学生自主科研的主要政策措施、审查学生科研经费的使用情况、决定先进集体和个人的奖励事宜等。在经费管理制度方面应确保足够完善,学生要申请费用必须有较详尽的相关项目经费预算方案,通过专家审核通过方可执行。

项目资金支持主要有以下几方面:企业研发项目经费(校企联合项目)、企业(校友)资助、学校科研风险管理基金以及学生自主科研实践培养计划发展基金(培植自主科研项目、吸纳企业项目产生的相应费用、支持学生科技创新竞赛等)。对于不同类型的项目,其资金来源不同时其分配比例也应有所调整。例如,企业委托项目主要由学生依托自身专业优势和研究成果与企业进行洽谈,获得企业研发项目或课题。项目经费的绝大部分(大于90%)应归企业项目组支配,少部分(小于10%)由科研风险管理基金或学生自主科研实践培养计划发展基金支持。对于校级竞标项目,主要由学校相关部门和专业教师广泛联系,获得由企业提供实施经费,由学生自组团队进行竞标并承担的项目或课题,其主要资金支持将来自企业。对于自主创新项目,学生自主选题通过校级评审获得立项后,由本科生自主科研基金给予一定比例资助。

(2)师资建设:师资是教育资源中最重要的人力资源,师资队伍的整体素质直接影响创新人才培养体系的有效实施。创新人才的培养依赖于卓越的大学教师,师资队伍建设必须紧密配合创新人才培养计划。

①完善教师激励体系:可实行较完善的年终考核制度,对教师的创新项目予以一定奖金支持等。

②应强化对教师实践经验的要求:可以有计划地在相应的工作岗位中对教师培养两年以增加经验;把企业工程实践经历与教师职称评定挂钩;考核和评优中对有企业相关工程经验的教师给予优先政策。

③考虑接受那些具有相关经验的教师:加大对有工程实践经验的高职称、高学历人才的引进力度,优先聘请有企业工作经历的专职教师进行授课或指导学生进行相关的实践,或者可以选择从企业中聘请那些技术较好并且表达能力也不错的教师作为兼职教师,其中技术非常好的还可以作为专业教师进行授课。

(3)创新学分:设置第二课堂对当代大学生所产生的积极作用是毋庸置疑的,但是,由于课业压力等原因大家往往会将这个课堂放在一个附属位置,而不去重视它,从而导致第二课堂不能高效进行,其效用也就很难体现。针对以上这些情况,创新学分的想法应运而生,在第二课堂活动中引入高校第一课堂现有的学分制,以加强和规范对第二课堂的管理和指导,对卓越工程师的培养起到更好的助推作用。

建立创新学分制度要立足于"以学生为本"的原则,通过创新学分更好地激励学生主动参与到第二课堂的活动中去,切不可过分强调学分形式,使学生迫于制度必须参与活动,最终导致学生没有浓厚的兴趣,反而会引起学生的逆反心理,造成不良影响。

本着助推体系提倡建立的创新学分制度,要求高校要充分调动学校、学院、学生各个层面的力量,坚持目标导向性、保持个性化、可操作性、选修必修共存等原则,根据第二课堂创新活动的特点设计出一套完整的创新学分体系,制定切实可行的创新学分管理办法。

某大学提出了一项重要的改革措施,减少本科毕业学分要求,旨在通过减少结构化学习量给予学生更大的学习空间和学习自由。高校在实际操作中可进一步完善此举,以减为加,将部分学分转移到第二课堂形成创新学分,更系统更充分地发挥第二课堂的作用。

2.校企联合培养。开展校企联合培养学生创新体系,通过与企业联合培养来改善高校办学资源,成为保证创新人才培养质量的一条重要途径。2009年开始,相关部门不断加大对全日制硕士专业学位研究生的招收力度,这就要求高校建立多种形式的实践基地、注重吸纳使用社会资源、合作建立校企联合培养基地、创新实践性教学模式,以主动适应发展。

(1)企业实习:改变传统的学校课堂教学形式,利用学校和企业两种资源将课堂教学和企业的实习相结合,以便更好地培养创新人才。本体系提倡由学校和企业共同组成联合培养指导委员会,制定培养计划、目标等方案,对低年级的学生偏重要求其掌握基础专业知识,但对高年级的学生应减少其校内课程的安排,为学生到企业实习提供良好的环境。可根据专业特点安排不同性质的实习,在校企联合的培养机制下推荐更多的学生到岗位上实习,有条件的可以进行轮岗工作,使学生全面了解不同企业的不同工作,为今后的发展积累更多的经验。

学校安排的实习形式可以多样化,可以是简单的专业实践,在专业实验室内模拟企业的现状,通过模拟实践使学生更直观地了解企业;也可以是周期不同的企业实地实习,如周、月、季、学期、学年等不同的周期实习,可根据不同专业的特点安排,做到最有效地让学生了解企业、熟悉工作。当然,高校也应鼓励学生通过互联网等渠道为自己寻找更多更好的企业实习机会。在学生进入企业实习之前应端正其对待实习工作的态度和认识,并切实保障学生的权益。

(2)企业导师:近几年,高校对工程型硕士研究生的培养逐渐采取高校教师和企业导师共同培养的双导师制度,旨在从学术和实践两方面对学生进行更好的培养。虽然企业导师制尚不成熟,但为了更好地实现创新人才的培养,各高校均有必要加大对企业导师的引进力度,推行切实可行的规章制度,切实发挥企业导师的作用。

企业导师主要可采取两种形式:一是从相关企业中选拔一些高技术人才作为实践教学教师或者从事指导研究生的工作,这样可以更好地让学生了解现在的社会和企业的人才需求现状;二是在企业中寻找实践经验丰富的工程专家担任学校的兼职导师,在学生到企业参观学习或短期实习中给予技术指导,或配合学校教学工作中进行实践教学的环节。

3.创新平台建设。为了更好地开展高校第二课堂的各项教学活动,从而助推创新人才的培养,就必须完善课外实践的制度、丰富创新活动的内容、保障实践教学资源、注重课外活动制度建设,从而搭建一个具有目标性和制度性的课外实践创新平台。

(1)学科类竞赛:竞赛的目的在于使大学生将学到的理论知识运用到实践中去。学科竞赛的过程大致可分为参赛者组队、对竞赛题目的分析与讨论、资料的搜索和查询、方案的设计、实物或模型的加工制作和调试、撰写设计总结报告或科研论文、演示答辩和评审。而学生则可以通过举办这个活动提高自身的各种能力,例如,创新能力、组织执行能力、团队合作能力,等等。目前,高校普遍开展的国家级学科竞赛包括由团中央、教育部、中国科协、全国学联联合主办的挑战杯"全国大学生系列科技学术竞赛",分为课外学术科技作品竞赛和创业计划竞赛两类,全国数学建模大赛、全国大学生电子设计竞赛、英语演讲,等等,但受到参赛经费和规模的限制,学生的参与面不广。学校可以根据自身实际情况拓展竞赛种类,推出物理、化学、机械设计、结构设计、程序设计、机器人、多媒体设计等一系列学科竞赛,让更多的学生参与和受益。同时,竞赛也可以多层次开展,如开展院系级竞赛,参加省级、国家级、国际级等竞赛。

(2)创新实验室:创新实验室能够有效地利用实验室资源发挥实验室在人才培养和科学研究中的作用,为更好地激发学生的创新意识,为学生自主性、研究性学习和开展创新性实验创造良好条件。实验室遵循"以学生为主体,教师启发引导"的原则,由学生自主开展实验项目,重在培养学生的自主实践能力、分析问题和解决问题的能力,鼓励学生进行创新性实验,具体措施如下:

首先,需要保障实验室的硬件设施齐全,根据专业需求不同配备必要的实验设施,如化学药剂、物理仪器、计算机设备、实验数据库等,保障实验室的硬件设施能满足学生课内外活动的需求;其次,创新实验室与普通实验室的主要区别在于实验室理念的创新,指导教师的指导方法和管理学生制度的创新,学生在实验室内进行研究探索都要有强烈的创新意识,为实验室营造良好的创新文化环境等;再次,采取一定的激励措施,以保证实验室创新能力的持续发展性。如对参与学生创新能力培养的指导教师和部门进行考核,表现优异者给予工作补贴或优先考虑评优、晋升等奖励;对参与科技创新活动的学生采取经过考评增加其学分、实验室工作冲抵选修课程等激励手段;对于获得国家、省级、校级科技竞赛奖的同学给予物质奖励,并在毕业时优先考虑推荐其作为免试研究生等。

(3)创新课堂:创新课堂要求高校改变传统的填鸭式授课方式,将创新理念引进课堂,特别是第二课堂,以充分调动学生的学习积极性和兴趣。

(4)国际交流:经济全球化的背景促进着高校教育国际化的发展趋势,这就要求高校为学生提供真正融入全球化意识环境中的教育体验,培养出更多符合知识经济时代需要的具有国际视野的高素质人才,从而促进经济和文化的发展,推动人类社会不断进步。高校应开展更多的国际交流项目,加大国际交流经费投入,力求使更多品学兼优的普通学生有机会感受国外的教育,为学生提供更广阔的国际平台。

(5)科研训练:要使高校培养的学生成为符合目标的高水平创新性人才,高校应该把更多的实践机会提供给学生,创建更多的实践平台,带领大家参与更多的实践活动,通过参加各种大大小小的科研项目来改变以往的模式,将其变为发展学生个性的一个平台;让学生加入更多创新的成分,去挖掘理论和实践相结合的方法,更好地提高大家对科研的兴趣。

高校鼓励学生创新,参与自主科研活动、科技竞赛等活动,前提是必须拥有足够的指导力量,让学生能接受系统科学的培训,避免学生参与活动的盲目性,让他们能在科学的指导下有目的、有针对性地开展研究,这对于学生和学校的发展都十分重要。

4.学生自主科研。通过机制体制建设和创新平台建设,在校内创造一个良好的环境条件,保障学生的科普活动,激发学生的兴趣,促进学生的发展。通过校企联合培养挖掘企业资源,采取以"科研项目为主导、以学生为主体、以教师为指导"的项目化运作模式,实施自主科研。

(1)科普活动:为实现第二课堂的助推作用,高校应在自主、自愿的原则下开展符合学生兴趣的科普活动。如学习交流、机器人大赛、挑战杯等兴趣小组活动、不同规模的专家讲座等,这些科普活动可依托高校内不同的学生团体进行。

如今的学生社团在大学中有着很重要的作用,可以提高大学生的主观能动性、合作性、创造性;是大学生用来挖掘自己潜力的一个舞台,与此同时,它也是一个传播文化的有效载体。学生社团的种类很多,性质各异,名称也五花八门,如学生会、科技协会、创业协会、文学联合会、书友会、学科研究会等。高校依托社团、针对社团的不同性质开展相应的科普活动,如学习类社团可在学习交流活动上做出贡献,科技类社团可以举办形式各异的机器人大赛、航模比赛等,学生会等可以邀请学校知名专家针对学生感兴趣的话题开展讲座、座谈会等。

从学校的角度看,学校对学生社团的管理要有一套办法,出台相关的制度,在教师的指导下充分发挥学生的自主创新能力,开展积极健康的系列活动。

(2)自主科研:自主科研旨在支持并鼓励学生研究团队积极寻求、承担企业(社会)项目,解决企(事)业的实际问题,也包括学校有关部门需要研究解决的实际问题(包括专业教师提供的科研小项目)和学生依据自身科技创新想法开展的自主创新实践项目。提倡项目团队依据自身的科技创新成果和科学研究能力,利用学院的专业教师、校友等渠道资源来广泛地联系企业、寻找合作伙伴、承担企业研发项目。学生也可自主选题,通过校级评审获得立项后申请学校项目资金支持或由专业教师提供科研小课题,组建项目团队承担项目的研发。

通过第二课堂助推体系的建设实现与第一课堂的对接,并成为其有效延伸,强化学生的工程创新意识,激发学生的工程创新兴趣,提升学生的工程创新能力,增强学生的责任意识和奉献精神,上述课程体系建设和实践教学体系共同构成了我国高校创新人才培养的"双轮驱动",让第二课堂教育有阵地、有发展、有作为,成为创新人才培养的有效支撑,最终探索出一条适合国家、社会、学生发展需要的创新人才培养的运行机制。

第三节　创新人才培养的保障机制

在确定创新人才培养的目标机制和运行机制后需要建立创新人才培养的保障机制,通过科学的管理规章制度以及在实施过程中的控制机制对其运行进行保障。

一、制定管理规章制度

创新能力的形成和发展易受内扰和外扰影响,管理部门(也即控制器)通过制订管理政策,调动与激励发展性内扰,降低障碍性内扰效用,可以成功起到保障大学生创新能力形成与发展的作用。

(一)人才培养应处于办学中的中心地位

高校的核心功能是人才培养。为了这一核心功能,学校应确立高校科研与教学、社会服务与教学的关系。教师进行科研的目的是提高教学质量,为培养一流人才服务,学校服务社会的目的是为提高人才培养质量创造有益的社会资源。在具体的办学中建立科学、合理的评价体系,引导教师投入教学、研究教学、发展教学,这样才可能使得人才培养与科学研究进入互相促进的良性循环。

(二)办学应以教师为主体,教学应以学生为主体

第一,教师的行为是传递与带动学生,培养出创新人才,教学过程本身就是实施创新的过程,教师在其中起着决定性的作用。所以,培养创新人才最重要的是依靠老师,而充分调动教师教学积极性的制度和政策也是必不可少的,这样可以使教师全力投入精力研究教学、充分发挥创造性、掌握教育创新的方法、热爱学生、关心学生、精心教育。

第二,学生的成长是人才培养的出发点和归宿。因此,为了使学生能够按照自己的兴趣和爱好选择性学习,不拘一格地发展自己的个性和特长,学校的教育教学管理应从学生的实际出发,尽力给学生提供更大的空间和更多的选择,给各类学生个性的发展和张扬创造条件。

第八章　我国高效创新型人才培养机制的构建

（三）要有尊重知识、崇尚创新的氛围

有营造尊重知识、尊重人才、尊重学生的校园文化和一种能容忍并鼓励学生进行学术质疑和批判的人文环境、才是以培养创新型人才为重任的大学。因为只有具有不同学术思想的教师与教师、教师与学生不断交锋,学术才能获得发展,大学及教师中学术应有的精神才能传达给学生。研究科学的第一要务应当是严谨治学,大学里的学者和学生要热爱学问、忠诚学问并献身于学问,力戒浮躁、急功近利,这既是大学的本分也是大学对国家负责的资本。要促进学生形成不甘示弱、奋发向上的进取精神,就要重视培育大学的竞争意识,激发大学的生机、活力和动力。

另外,保障创新人才成长还需要建设环境优美的校园、设施精良的实验室、丰富的图书资料等。

二、实施培养方案

教师给学生传递教育信息的过程就是培养方案实施的过程,教育教学内容和学校的管理规章制度包含在信息中。学生的创新意识、创新精神和创新能力需要教师在一定的教育思想观念指导下通过适当的方式对学生进行教育教学活动。优秀的教师队伍、良好的实践条件是保证创新教育进行的重要条件,适当的教学方法是培养方案实施过程中培养学生创新能力的关键。

（一）高水平师资队伍要有相关专业背景

教师教学是创新人才培养方案实施的主要渠道,因此创新人才培养的关键是建设一支高水平的教师队伍。对于我国高校来讲,教师应具备如下的素质。

1.知识丰富。教师本身必须有较宽的知识面和复合型专业知识结构,这样才能适应创新人才培养的要求,科学与人文融合,知识面宽、基础厚。

2.自身拥有创新精神。用一定的方式培养学生必须采取一定措施,教师在教学中传授开展创新研究时积累的创新经验是教师开展创新实践的良好途径。教师在科学研究中创造的新知识、新方法、新成果也是很好的创新教育素材,教师勇于创新的精神也是学生学习的榜样,可以感染学生及激发起他们的创新精神和创新欲望。

189

3.要会工程实践。工程教育与高校学生实践能力息息相关,高校教师必须具有工程背景才能很好地将工程领域的问题理解好并传递给学生。现在,高校教师虽然学历学位很高,但他们通常是从校门走向校门,普遍没有工程现场的工作经历,缺乏工程实际经验,很多并不能很好地驾驭工程领域的教学内容,因此教师格外需要工程背景。

4.要有强烈的责任感和使命感。仅仅靠课堂教学培养学生的创新能力是不够的,培养学生分析解决问题的能力需要课外更广阔的空间。由于当前教师教学、科研任务繁重,与学生进行接触的时间和精力比较少,这对于培养学生的创新意识和创新能力是非常不利的。教师应该与学生进行精神与情感的沟通,潜移默化地培养学生的创新人格,成为学生的良师益友,在交流的过程中掌握学生的现状和需求。

5.视野国际化。在立足我国国情培养创新人才的同时还必须要了解国外高等教育改革的进程与方向,发达国家和地区先进的科学技术及完善的培养机制是创新教育的良好内容,只有通过与国外高等教育界的交流、合作,汲取国外有益的经验,才能加快我国创新人才培养的步伐。

(二)需要良好的实践实验教学条件

实践教学得以开展、学生实践能力得以提高、创新能力得以锻炼需要良好的实验实践教学条件。因此,实验与实践条件的建设在我国高校创新人才的培养中特别重要。

主要条件包括:①在实践基地建设中为了保障基本实验的开出率达到100%,首先要加强各类实验室建设。②将本科教学实验室建设与科学研究、社会服务需要相结合才能提高实验室建设的水平。改变本科生实验室只是开展验证性实验的误区,使本科教学实验室也可开展科学研究,从而使本科生很容易就能接触到科学研究的内容。③为了有效补充现场实习的不足,高校要特别加强校内实践基地的建设,建设与现场环境相近或一致的产学研一体化的工程实践基地。④为了使学生有足够的空间实践自己的创新思想,需要依托实验室建设校内大学生创新实践基地。⑤在企业建立不同形式的实践基地,即通过产学合作、科技开发、成果转让等途径实现。建设工程现场实践基地包括实习基地、见习基地、社会实践基地等,使学生到社会、企业真实的环境中实践锻炼,体会其中真实的问题,锻炼工程实践能力。

(三)教学方法的创新

知识的程序性是关于知识的"怎么做",是创新的基础。大量的实践和练习证明个人可以获得知识的程序性,而且还能实现自我知识的自动化,提高自身的创新能力。学生创新思维、创新能力的培养首先要开始改革课堂教学,改变以前单一的灌输式授课方式,采用启迪学生思维的多种教学方法。对学生大胆发表见解要给予鼓励,营造出一种活跃的教学气氛。加强在教学中的实践和让学生尽可能地参与,引导学生在实践中学习、发现问题和解决问题。这里列出并分析了一系列以学生为主体的教学方法。

1.讨论教学法与合作教学模式。对于答案不唯一的教学内容,经常是教师说什么是什么,这样会极其限制学生的思维,对于这样的教学内容教师可以采用在教学中讨论、组织学生进行讨论的方式。持有不同观点的同学在讨论的过程中可以互相启发,而且还能不时迸发出思想碰撞的火花,这不仅可以使思维活跃发散,而且还会积极影响到学生的创造性和个性。为了让这种教学方法更好地开展,我们可以采用一些比较成熟的方法,例如专家发明的"无限制自由讨论法":由5～10人组成一个讨论小组,不要批评,要让学生想说什么就说什么。鼓励学生和学生之间相互补充,每个学生应尽可能地从其他人的想法中找出不足并提出改进意见。学生的想法越多越好,因为想法越多,就会增加产生新颖独特产物的可能性。从心理学角度来讲,学生在小组中更容易说出自己的意见,把自己的困惑和失败展示出来,合作教学模式能使学生的思维与表达能力得到提高。

合作式教学法还可以被应用到方案、报告、项目设计以及综合性的课程设计、毕业设计等方面。将科学家发现知识的研究过程适当地运用于教学中,可以使学生在学习中的独创性、思维的逻辑性、批判性和独创性得到提高。我们在教学过程中可以借鉴托兰斯的五步法:第一,情境的创设。教师根据教学目标以"启迪者"的身份运用各种教学理念努力为学生创造一个良好的环境,顺便把教学内容引入。第二,问题的提出。教师指导学生积极地思考、激烈地讨论、大胆地质疑,善于发现问题并勇敢地提出问题。第三,论证的假设。学生在教师的指导下通过仔细观察、实验、分析和归纳,能够提出一个假设性的解决方案。第四,假设的验证。学生检查其是否可行,可以通过多次实验和讨论对假设的方案进行验证。第五,知识的内化。学生在主动地发现问题、提出问题、解决问题的过程中掌握科学研究的基本方法,来内化所学知识并自动地使知识内化。

2.问题解决模式。问题解决模式是指通过完成一定的实践任务或解决一定情境中的问题来使学生具有解决实际问题的初步能力。问题解决模式主要用来直接培养实践能力结构中的专项实践和在具体情境中解决实际问题的两大能力。经验和策略是问题解决模式最关注的核心内容,也就是斯腾伯格所说的实践智力。所谓实践智力是指个体利用自己已有的知识和经验来配合特定环境解决实际问题、达成目标的能力,其发展趋向意味着隐性知识的不断积累,例如,由行为的合理性到行动的智慧性。例如,开展综合性、设计性实验等,都是在具体情境中去解决一个专项的问题。

3.案例教学法。案例教学法是指根据教学目的的要求使教师组织设计一些活动,让学生通过对案例的阅读、思考、分析、讨论和交流学到分析问题和解决问题的方法或道理,进而使他们分析和解决问题的能力得到提高,对基本原理和概念的理解有所加深,同时还可以有效地实现课程的综合与融合,能很好地提高学生综合解决大型、复杂问题的能力。案例教学对于培养学生"解决真实情境中的实际问题的能力"很有效。案例教学法是一种综合性的"学习"方法,案例是一个项目,而这个项目是指发生并已经结束且经过提炼的。

4.项目学习模式。项目学习模式是一种面对未知进行探究的学习方法,是依托专业知识背景,通过"做项目"的方式来培养学生的专业实践能力,以便为将来的职业生活做好准备。项目学习模式的实施主要通过学生做项目。所谓的"做项目",是指学生在教师指导下以小组形式来发现专业实践领域的实际项目,它属于专业实践,而这个实践是真正抛开其内含的学习性而介入实际生活的,与真实的工作并没有区别。换句话说,通过模拟的方式进行的不是项目学习模式。例如,毕业设计、课程设计是为现场解决实际问题的,在指导教师带领下开展的科学研究、一些创新竞赛活动,等等,都可以归为项目学习模式。

第四节　创新人才培养的激励机制

创新文化特别是鼓励优秀人才、鼓励创新创业机制的有效支撑也是关键因素之一。实践证明,传统的高等教育体制和方法不利于创新人才和创新意识的培养,重知识灌输、轻能力培养,重趋同一致、轻标新立异。

高校的专业教学被比喻成生产线,人才培养是"标准件"的"批量生产"模式,不是培养创新人才的有效方法。在知识经济时代,技术与人才的竞争已经成为综合国力的主要竞争,面对时代的挑战和社会的需要,创新和创新人才的培养已经成为我国高等教育的一项基本职能。

(一)心理需要

根据活动参与者的心理需要,科学地运用一定的外部刺激手段来调动参与者的积极性,激发参与者的动机,使之朝着一定的目标进行的心理过程便是激励。符合活动参与者的心理需要才是有效的激励手段。在一定理论指导下有针对性地运用激励方式启迪参与者心智潜能的工作系统就是激励机制。如果想在学生科技创新方面获得良好的效益,那么在高校创新人才培养中引入激励机制便能够极大地调动学生的积极性。

(二)心理分析

高校学生是高智慧群体。一方面,他们都特别需要实现自我的价值和得到尊重,强烈地渴望成功成才,这是他们在心理需要方面表现出的一定的共性。另一方面,他们的心理需要又存在着丰富的个性差异,决定毕业后立即就业的学生,他们侧重于需要提高自己的综合素质;打算继续深造的学生,极大地丰富自己的专业知识是他们的重点。

简而言之,大学生参与科技创新的心理需要既有一定的相似性又有一定的差异性,而且会随着时间的变化而变化。因此,如果要成功构建创新人才培养的激励机制,那么就必须全面地把握学生的心理要求,统一共性和个性,只有这样,广大学生乐于接受并自觉遵守的制度——高校创新人才培养激励机制才能完善。

（三）内涵描述

总的来说,高校创新人才培养激励机制的运行系统就是针对高校学生的心理需要,为了实现相关组织的目标,通过设置明确而有意义的目标引导学生的行动,同时运用相应的激励手段激发学生的内在动机,有效地结合组织的共同目标和个人的心理需要,从而顺利地调动学生们在科技创新活动方面的积极性和创造性。由此总结得出,灵活运用激励机制的要求如下:

第一,为了帮助青年大学生确立正确、合理的期望,实现"激励力量"最大化,要注重个体差异性和科技创新活动的层次性。行为的直接动因是"期望"。正是因为这些工作和组织目标会帮助他们达成自己的目标、满足自己某方面的需要,所以人们能够从事某项工作并达成组织目标。某著名心理学家认为:人们采取某项行动的动力或激励力,取决于其对行动结果的价值评价和预期达成该项结果可能性的估计。换句话说,该行动所能达成的目标并能导致某种结果的全部预期价值,乘以他认为达成该目标并得到某种结果的期望概率决定了激励力的大小。

他的期望理论告诉我们在构建高校创新人才培养激励机制的时候要处理好以下三个关系:①努力与绩效的关系。因为高校学生有很强的求知欲,并且希望通过一定的努力达到预期目标,但是又有惧怕失败的心理压力。要求在制度设计上充分考虑学生个体的差异性,注重科技创新目标成果的层次性,从而使学生参与科技创新的信心得到激发并激发出较强的能量。为了避免他们失去内在动力,导致其创新上的消极,尽量不要把目标定得太高,否则学生将普遍认为即使通过努力也不会有很好的绩效。②绩效与奖励之间的关系。人,特别是高校青年学生总是希望取得成绩后能够得到奖励,既包括物质上的也包括精神上的。构建"激励机制"就是要使学生在取得绩效后能够得到合理的奖励,从而更好地激发学生们的热情,否则大家会丧失积极性。③奖励和个人需求之间的联系。对于当代大学生来说,精神奖励是一种更高层次的荣誉,是可以证明大家的肯定程度的。奖励好那么人们的满足程度也就高,这样以后激发出来的热情也就越大。在实行这项激励过程中还要平衡期望和实际之间的差值,注重大学生的心理健康发展。如果期望越高,有可能失望越大,容易使学生感到挫败;如果期望值小了,就感受不到激励的作用了。最终的激励结果是使绝大部分人受益。

　　第二,每个学生都对成功有着向往,为了满足这一需要,就要针对其需求培养创新精神。因为唯有创新才能不断发展,才能与时俱进。许多科研机构都曾致力于人性的研究,有调查发现,许多人在社会工作中积极向上,争取每一步都做到最好,即使遇到很多困难依旧信心十足、努力想办法解决直至成功。该机构分析,大多数人存在的这一行为并不仅仅是为了成功后带来的物质酬劳,而是在解决问题的过程中实现了自我价值,为以后的成功奠定了基础,这就相当于美国人热衷的成就动机论。这一点通常与每个人所处的社会环境、所受到的教育程度、国家的发展状况密切联系的。一般,受过高等教育者渴望成功,向往更具挑战性的生活,当生活一成不变时便没有了生活下去的意义,因此他们更愿意在刺激艰险的环境中追寻人生的目标,通过不断克服生活、工作中遇到的困难而获得成就感。例如,大学生、研究生甚至是博士,很少有人愿意从事不符合自己学历的工作,当然这不见得是好习惯,但是从中也体现出人们对成功的渴求。虽然有挑战固然好,但是更多的人还是选择在自己能力范围内的挑战,即自己能够克服的困难。因为如若挑战不成,迎面而来的就不是对成功的渴望,而是一而再、再而三的打击了。

　　面对挑战和困难,脚踏实地的解决是重要因素,另一方面还需要培养创新精神,唯有如此,才能实现更大的成功。在当代,提倡素质教育更是提倡创新精神。创新精神意味着能够综合运用已有的知识、信息、技能和方法提出新观点新方法,从而有发明创造革新的意志和勇气。校园内有许多为了鼓励学生迎接挑战设立的一个个比赛,如编程比赛、奥数比赛或歌舞比赛等,目的不是为了让学生拿到奖励,而是让其在参与的过程中积极开发思维,培养创新能力和创新意识,在活动中获得满足自身需要的成就感。发明、创造、比赛不是目的,最重要的是过程而非结果。随着教育体制的不断进步,目前各个高校都向着这一目标不断前进,旨在培养学生更突出的创新精神。

　　当代是知识经济时代,创新是显著标志。创新精神包括创新意识、创新理想、创新兴趣、创新胆量、创新决心等。创新精神的首要条件是创新意识,而创新意识首先表现为好奇心,爱因斯坦说过:"我没有别的天赋,只有强烈的好奇心。"另外,对学习研究的事物永不自满。创新精神还要有创新理想,创新理想是指想要成为创新人才的理想,要想成为创新人才就要坚持不懈地努力。除了上述几点,创新精神还注重创新兴趣,因为有兴趣才有动力,也因为兴趣,在获得成功以后才会有更充实的满足感。综上所述,具备一定的创新精神才能在激烈的竞争环境中脱颖而出。

第三,坚持以绩效为核心评价点,对角色和责任意识进行强化,建立及完善高校大学生科技创新项目表彰和奖励体制。某国的行为学家提出的期望激励理论所持的观点是:"激励"影响一个人是否努力和其具体努力的程度大小;工作的实际绩效由能力大小、努力的程度高低及对待完成的任务的理解程度的高低共同决定;奖励是以绩效为前提基础的,而不是先奖励后产生绩效,是必须先完成任务才有资格接受精神上的和物质性的奖励。在人们发现奖励与绩效的关联性很差的时候奖励就不再能成为绩效的刺激;奖励措施是不是会让人们产生满意的心理状态,这取决于被激励的人认为其获得的报酬是不是公正的,如果被认为是符合公平原则的,当然会产生满意,反之就将是不满,同时满意将会导致被激励的人进一步的努力。

期望激励的理论告诉我们:对于高校大学生的科技创新活动并不是设置了激励的目标、实施了激励的手段,就必然能够获得所期待的努力、付出以及行动,并能够使大学生们满意。想要促进一个从激励到努力、到绩效、到奖励、再到满足并得到努力的回馈的良性循环的形成,就需要建立一个从申报到评估、到立项再到分层次,从分阶段资助、到中期检查、到资助配套、到评审、到公开答辩再到评奖,以及项目后期的学术成果报告会、巡回展览、奖励表彰等一系列将学生的科技创新工作进行规范化的制度,包括科研项目专项基金的创设、针对学生的科研训练计划的实施、校内外可利用资源的整合、科研创新实践项目基地的落实、实践教学环节的强化、本科生导师制度的建立和实现,等等,此外还有多样性的专门人才培养模式的构建、个性化教学培养方案的设计、基础性教学内容的安排、学生主体化学习的养成、现代化教学手段的引进以及教学科学化管理的探索等。

大学生的科技创新使得师生之间、同学之间的学习和互动成为必要的,同时也是有可能实现的。创新从根本上说一个人不能独自实现,这样的大学生创新活动一方面让学生感受到主体性,同时也通过师生、同学之间的互动来实现互动性。所以,在高校创新型人才激励机制的建立过程当中教师要担负起进行创新思维教育和教育模式研究的责任,同时教师也要被纳入这个激励机制当中,从而提升教师参与到创新教育和指导活动当中的积极性。

第五节 创新人才培养的评估机制

为更好地运行高校创新人才培养系统,还需要对系统进行反馈:一是对相关教学系统的检测,包括对教师上课的评估、对学生学习的评估,这种检测最终可以通过教学相长的程度来检测;二是对相关培养系统的检测,包含对学生综合素质的检测等。检测完以后可及时地将结果反馈到相关系统中并进行调试运行。

一、评估基于的理论

基础课堂教学关系到教和学两个方面,涉及结果的两个维度,其理论基础也是相当丰富的。

1.有关目标理论。《课程与教学的基本原理》的理论主要是强调把学生的行为目标拿来评估,通过测验学生的行为证明教学计划应达到的目标,通过评估可以了解到教学后的质量和效果。通过对比可以知道偏离程度,从而可以更好地接近目标。布卢姆提出了一个分类模式。他认为目标是教学评估的基础。然而这个目标可以分为很多不同领域,例如学识领域、情感领域和技能领域,等等,而每个领域在实现过程中都有相对应的系列。这项理论可以用在教学中解决"评什么"的问题。

2.多元化的智力理论。国外某教育家提出的。在他的理论中提到了由几种要素组成的智力结构,包括音乐智力、人际交往智力和自我认识智力、语言智力、空间智力、身体运动智力、数理逻辑智力。这些智力结构具有很多特性,如多元性、文化性、不同性、开发性等。这个理论说明了以下几个问题:第一,从评估观点来说,不一样的组合以及智力形成了某一个体,如果接受良好的教育,他们都可以发挥自己在智力方面的优势,与此同时,其他方面也可以同时发展,所以不会去比较智力方面水平的高低。只是在智力和学习这一块存在着一定差异。第二,这项评估的目的在于更好地发展学生的智力,通过这个评估可以对学生进行选拔。第三,关于这项评估的特点,它是多样化的,所以它的内容也是多种多样的,所采用的方法也是多样的。学生的学习检测可以以这个理论作为基础。

3.有关内容真实性的评估。真实性评估又可称为替代性评估或者表现性评估,这种方式可以替代传统的标准化检验。运用传统的考试形式检验的是学生的知识掌握程度,而不是把知识运用到实践中的能力。随着社会的进步与发展,人们会越来越重视实际操作能力。这样的一个评估主要是用来检测学生把自己所学到的知识运用到实践中的情况。采用的途径可以包括书面汇报、写作、演讲、实际操作、实验、资料收集和分析等,主要用来检测学生的综合素质,对于学生各项能力的考查,尤其是对于创新能力的考查来说这是一种相对较好的方法。

4.高效的教学理论。这个理论是为了对教师的教学进行特定评估。存在有效和无效两方面的行为。

有效的行为包括:教师能够用正确的态度对待学生的情绪变化和言语的不得当;教师可以真心关注学生的日常行为;教师会适当地给学生某种处分并且言出必行;教师对自己的教学充满信心;教师会适时地跟进学生的学习进度并为他们做出相应的调整;在这个过程中,教师需要以一种积极乐观的态度来对待;教师可以根据学生在课堂上的表现来推测他们的心理。

无效的行为:教师在没有通知的情况下改变教学;教师当着其他同学的面责备某一同学;教师不负责任地让学生在课堂上浪费时间;教师做些无关教学的事来表现自己。进行教学质量的评估需要有一个有效的教学理论。

二、对教师教学质量的评估

教师在传道授业解惑的过程中是可以培养学生的创新的。教师的教学能力会直接影响学生的创造能力。对教师的评估应该从多方面、全过程进行,以便形成高效的教学理论。

第一,评估对象。对于教师来说,他的对象是学生,在学习过程中学生和教师的接触是非常全面的。学生在知识上是一个被动的接受者,教师所教的内容学生是不是都会,教师的教学能否吸引人,能不能开发学生们的创新能力,学生们的感受是最真切的,因此学生的意见是非常重要的。其次,同事的参与也非常重要。因为同事会比学生更加专业,同样也会更加谨慎,此外也可以让更高层次的研究人员来参与评估或是进行教学的自我评价。

第二,评估所包含的内容。对教师的教学方法和教学效果进行检测,可以从多方面、多角度进行:学生的积极性、课堂的氛围、教师的提前预备情况以及他们的教学方法。换句话说,就是要考量教师是否能达到一个合格教师的基本水平,教学手段能否与当代技术相适应、教学方法是否生动、能否开启学生的创新思维,充分满足学生的个性要求,让学生的智力得到发展,并且能够带动他们的积极性。

第三,有关评估方法。可以通过座谈的方式来进行学生对教师的评估,如果因为面子问题认为面对面地听取学生的意见比较困难,也可以提前做好问卷调查内容的设计,然后进行分散或集中的问卷答题,但是这个方法耗费的人力物力资源比较多,可以利用网络资源避免这个问题。相关管理部门将需要调查的内容按统一的方式发到校园网上,学生可以对某一教师或者是更多的教师进行自由评论,真正地实现言谈自由、畅所欲言,或在网上采用打分制,途径更简单,效率也会更快。

三、对学生学习质量的评估测试

这类评估是评价学生学习效果的一个有效途径,它还具有一个美称,即教学指挥棒,会给"教"和"学"带来直接作用,考试相关的内容会对学生的学习方式产生一定的影响。采用一次性考试,用答题的方式来选拔人才,以分数的高低来判断是否优秀,采用死记硬背的方式来学习会限制学生学习的主动性和创造性、影响学生的创造性思维、泯灭学生的创新精神,对于创新人才的培养没有大的作用。如果大家都可以很好地运用知识来解决问题,那么学生在日常生活中就可以学到很多东西,进行更多的思考。所以,我们应注重培养学生的创新思维,需要采用学生的综合素质和创新思维相结合的方式来进行。

第一,有关多元化评估内容。根据以上的目标模式和真实理论,我们要避免完全以书本中的内容作为考试内容,取而代之的是要注重知识的综合运用,尤其可以把分析和解决问题作为考试内容,增强对学生综合能力和创新能力的考核。

第二,类别多样化评估方式。按照多元智力理论,对学生学习情况的检测应该考虑到学生智力的多元化,然后针对相关特点,结合课程时间的长短,在整个过程中采取不同的形式来考核。例如,项目的设计、有关的调查报告、口试以及实际操作等等。这样可以锻炼学生多方面的能力,有利于培养学生的个性。

第三,激励性机制。评估主要是为了甄别、激励学生,继而鼓励学生去创新,所以需要结合上面的目的来给出最后的评定。对于阶段性评估应该多注意对学生的促进作用,我们也可以采用不同的方法,根据不同的内容设立成绩奖励。然而对于甄别性评估来说,经常会采用比较标准、统一的模式,例如课程结业评估,可以更好地体现它的客观性和公平性。

四、对高校内部教学组织和管理的评估

对于院系的教学组织和管理工作的开展进行相关监控和评估,能使院系更好地加强教学策略的制定,进而调动教师教学的积极性和学生的主动性,使得学校院系的工作得以高效地进行。

(一)有关院系评估的原则

1.系统性和代表性。这项工作本身就是一个微观系统,在各个过程的运行中要确保按照国家相关的方针和策略,通过学校有效的规范和规定,使措施得到落实。在设计这个体系时要考虑到学校教学工作的目标和要求,并与国家高等学府指定的相关要求相结合,然后将其贯彻到这项评估中。与此同时,因为教学工作的广泛连续性,应把握学校工作的一般规律,抓住主要核心思想,然后纳入评估的体系中。

2.评估内容的导向性与稳定性原则。院系教学工作评估是关于院系工作的"指挥棒",因此要好好发挥它的引导性作用。主要包括:第一,着重以提高某些方面作为指标,让大家有一个明确的方向去努力。第二,这项体系可以是开放式的发展,因为各院系的历史不一样,他们的指标差异性也会理所应当的

比较大,所以这项评估是发展性的。通过这些,可以让我们更好地了解现状,也能够更好地促进发展。除此之外,我们要考虑到这项工作的连续性和可持续发展性,这项指标长期保持稳定,可以更好地提高工作效率,防止造成混乱。第三,评估方式的可操作性。评估工作能否顺利并长期开展,评估方式是重要因素。评估方法简单并且实用将有利于工作开展。

(二)院系评估方法

1.等级化评估方法。按照以上所说,根据教育部普通高等学校本科相关教学工作水平评估的方案列出各种等级,根据收集到的各项资料然后进行逐一打分,随后进行综合评价。其优点在于评估内容全面,缺点是相关教学工作烦琐,作为一项长期坚持的工作,难度会比较大。

2.数据量化的评估方法。院系的教学工作需要抓住一些重要部分和特点然后再进行总结,根据有效的数据指标进行量化评估。这种方法的优点是目标明确、简易,而缺点是它的覆盖面、涵盖性较差。

本章对我国高校创新人才的培养机制进行了分析,包括目标机制、运行机制、保障机制、激励机制、评估机制五大方面。对于目标机制,着重构建以目标为基础的"树状"课程体系;运行机制是创新人才培养机制的核心内容,通过实践教学体系构建和第二课堂培养体系构建"双轮驱动",促进创新人才培养;保障机制的建立,通过制订合理的管理规章制度以及各项措施保障培养方案的实施;通过对激励机制的分析得到运用不同激励理论构建高效创新人才培养的激励办法;最后通过对教师、学生以及院系三个层面的评估建立创新人才培养的评估机制,由此建立起多我国维度、多层次、系统、科学、合理的高校创新人才培养机制。

参 考 文 献

[1]方明,谷成久.现代大学制度论[M].合肥:安徽大学出版社,2007.

[2]傅进军.创新人才培养的教育环境建设研究[M].北京:科学出版社, 2011.

[3]贺麟.文化与人生[M].北京:商务印书馆,2005.

[4]李代丽,姜家宗.高等教育创新型人才培养模式研究[M].北京:中国原子能出版社,2017.

[5]李庆丰.大学课程知识选择的实践逻辑研究[M].北京:师范大学出版社,2014.

[6]李时椿.基于建设创新型国家的中国高校创新创业型人才培养研究[M].北京:中国科学技术出版社,2007.

[7]龙海明.我国高校科研成果绩效评价制度研究[M].长沙:湖南大学出版社,2015.

[8]彭湃.科技馆教育项目评估:理论与方法[M].北京:科学出版社,2018.

[9]孙英梅,栗红侠,侯英杰.高校实践育人与创新人才培养[M].沈阳:东北大学出版社,2016.

[10]徐奇伟.开启创新之门——高校创新人才培养的实践与探索[M].长春:吉林人民出版社,2017.

[11]杨向东.理论驱动的心理与教育测量学[M].上海:华东师范大学出版社,2014.

[12]张楚廷.大学教学[M].长沙:湖南师范大学出版社,2002.